松平定信の生涯と芸術

磯崎康彦・著

ゆまに学芸選書
ULULA
1

狩野養信　松平定信像　絹本着色　県指定重要文化財
福島県立博物館蔵

文化９年（1812）致仕後の定信（楽翁公）の肖像とされる。

目次

松平定信の生涯と芸術

はじめに

松平定信は、政治・経済の分野のみならず、思想・文学・芸術などの領域においても多大な業績を残した。したがって定信の全体像をとらえることは、至難のわざである。今日、研究分野が細分化され、定信は日本史・社会経済史・思想論・交易史・蘭学・文学史・美術史などの分野から追究される。とはいうものの政治家としての定信論が圧倒的に多く、なかでも田沼時代から寛政の改革までの政治・経済・農政・貿易・社会政策などの問題については、かなりの論文が発表されている。

わが国では、定信に悪態をつくような著作はきわめて少ない。しかし、オランダでは幾分異なる。オランダ最古の大学ライデン大学に、唯一日本学学部があって、学内にシーボルトの胸像がたつ。近くには、シーボルトの持ち帰った日本品を展示する国立民族博物館もある。

さて、オランダの日本学研究者は、定信を知識人として認めつつも、あまり高く評価しない。日蘭貿易を縮小した人物だからである。オランダ側は、日蘭貿易の関係上、定信の名を早くから知ったであろうが、定信の名を日誌に書きとめたのは、天明七年（一七八七）九月三日である。

この年の八月七日、蘭船ゼーラント号とローゼンブルク号が、積み荷を満載して長崎に着岸した。

すぐに積み荷が降ろされ、かわりにわが国の銅などが積みこまれた。同年九月三日、長崎奉行は阿《オ》蘭《ラン》陀《ダ》通《つう》詞《じ》を介して、出島商館長ヘンドリク・ロムベルク（Hendrik Romberg）に松平越中守定信との約束を伝えた。商館長は『商館日誌』（*Dag Register*）に、

松平越中守は陸奥の白河藩主であり、それとともに老中首座（Groot Rijksraad）に叙せられている。

と書きつけたのである。

オランダでも、定信研究が進められていることは喜ばしいが、如何《いかん》せん日本学専攻のごくかぎられた人のみである。日本の文化や思想が国際化するのは、まだ時間がかかろう。それでも日本学を専攻する学生は、年々増加し、やがてヨーロッパやアメリカでも定信論が出版されるであろう。

私の専門は、江戸時代の蘭学と美術史である。杉田玄白、前野良沢、司馬江漢、亜欧堂田善ら、また銅版画や蘭書を調査した際、定信の名にしばしば出くわした。そこで拙著『江戸時代の蘭画と蘭書』上巻に、定信の西洋画観、入手蘭書や銅版画を、下巻に定信の海防策と銅版画の関係を詳述した。しかし今回の執筆では、定信の全体像から自分の専門領域をみようと思った。つまり一歩後退して、定信を俯瞰する必要があった。距離をおいて見ると、定信論も焦点のあて方によりかなり違いがある。

定信の最大の悩みのひとつは、外交、とりわけ海防政策であった、と考えられる。内政問題は、

理想とした八代将軍吉宗の改革から解決策を見いだせても、海防問題は定信自ら対処しなければならなかったであろう。まして江戸幕府の中心である江戸湾に異国船が出没してしまっては、幕府の基本方針である鎖国体制を維持できなくなる。海防問題は、老中首座を免ぜられ、藩政に専念するようになっても、定信の脳裏から離れることはなかった。内憂外患という言葉がある。内からの心配と外からの苦しみである。この言葉は、かつて大正デモクラシーを背後に水野忠邦の天保の改革に使用された。しかし内憂外患は、すでに定信の時代に始まっていた、と考えられる。

今回、定信論を執筆するにあたり、古文書、古画類、蘭書をはじめ、先学者の著書、論文などいろいろ参考にさせていただいた。この定信論が、地方文化の向上となるばかりか、定信に関心のある方に益するところがあれば、これほどうれしいことはない。

第一章　松平定信の人物史観

江戸時代の三大改革といえば、徳川吉宗の享保の改革、松平定信の寛政の改革、水野忠邦の天保の改革である。定信は、享保の改革を理想とし、忠邦は享保・寛政の両改革の趣旨に従って政治を行った。各々の改革は独自な性質をもつが、同時に相互関係をもつ。そこで一つの改革を明瞭にするため、他の改革との相応事項を取り上げて比較検討すると分かりやすい。

田沼意次の活躍した一八世紀後半の明和・安永・天明期は、いわゆる田沼時代といわれる。徳川家重、家治に仕えた意次は、商人の勢力と妥協し、貨幣経済に力を注いだ重商政策者であった。一方、意次の改革を否定した松平定信は、いわゆる重農政策者である。両人を比較検討しながら、それぞれの人物史観を見てみたい。

田沼意次といえば、賄賂《わいろ》の政治家として名高く、悪政家の代表者のように扱われる。意次は好ましからざる為政者として、定信から非難され、悪評は固定化された。さらに明治期になると、悪評は大衆化されて広まった。欧化主義の反動として国粋主義が台頭する明治二〇年代、東京帝国大学編年史編纂掛は、明治二三年（一八九〇）に和綴本『稿本国史眼』を公刊した。ここに田沼意次と意知親子について、「賄賂ヲ納レ、不正ノ挙措《きょそ》多シ」とし、「家重ノ時、幕府ノ勢ハ望月満潮ノ如シ、田沼氏権ヲ専ラニシテヨリ政事始テ紊《みだ》レタリ」とある。『稿本国史眼』は以後改訂されるも、意次への評価は変わらず、明治期末まで出版され続けた。

明治二四年（一八九一）、三上参次氏が『白河楽翁公と徳川時代』を著した。この書は昭和一四年（一九三九）、日本文化名著選ともなり、復刻された。三上氏は「上に向うては将軍を愚にし、下には威権を振ひ、横奢《おうしゃ》致らざる処なかりき。如何《いか》なる奸曲《かんきょく》も、田沼に贈りものせば行はれざるはなく、如何なる公直も、之なければ遂げ得ざりしなり。諸役人、皆諂諛《てんゆ》媚附《びふ》を事とし、権門駕籠《かご》といふ一種の乗りもの、権勢ある家の、中の口より出入する人のために出来たり」と意次に痛烈な非難を浴びせた。三上氏によれば、どんな邪悪な人でも意次に賄賂を贈れば成功し、賄賂がなければ正しいこともなし遂げられない、と評したのである。

しかし大正期になると、田沼時代を評価する史観があらわれた。大正四年（一九一五）の辻善之助著『田沼時代』（岩波文庫）である。辻氏は、田沼時代の暗黒面を、一・意次の専権、二・役人の不正、三・士風の廃頽《はいたい》、四・風俗淫靡《いんび》、五・天変地妖、六・百姓町人の騒動、七・財政窮迫と貨幣新鋳、八・開発と座と運上問題の八点とした。そして意次について、政治的大手腕を具《そな》えているが、「政治上に高遠の理想」がなく、一時の都合に適する政策をとり、政治的良心が欠けた人物とした。そもそも宝暦から天明期までの時代の潮流や時勢の移り変わりは、意次のような「一人の政治家の力によって左右せられるものでない」と、意次をやや擁護するような回答を出した。そして、田沼時代の因襲にとらわれない民衆の意志や学問・思想・芸術の自由の姿を積極的に評価したのである。

辻氏が『田沼時代』を執筆した背後には、個人主義や自由思想を標榜する大正デモクラシーがあった。辻氏は、田沼時代を政治の民衆化、民権主義、因襲の打破といった局面からとらえなおし、田沼時代を「新日本の幕開き」とし、「幕末開国の糸口はこの時代に開かれた」と評価したのである。自由民主制が否定され、政党政治が衰え、ファシズムが台頭する昭和初期になると、田沼時代を積極的に評価しようとする動きも弱まった。しかし戦後になると、社会経済史・文学史・美術史などの諸領域の研究調査が進み、田沼時代を社会変革・文芸や蘭学などの隆盛した時代として再評価してきたのである。

『田沼時代』を批判しつつも、田沼時代を評価した一点に、大石慎三郎著『田沼意次の時代』（岩波書店）がある。大石氏は、辻氏の使用した『植崎九八郎上書』『甲子夜話』『伊達家文書』などの文献に疑問を投げかけた。意次の腐敗政治を批判した『植崎九八郎上書』は、小普請《こぶしん》組所属の旗本植崎九八郎が、意次老中罷免後の天明七年（一七八七）七月に上書したものである。大石氏は、植崎の松平定信罷免後の定信批判から、植崎を政権に対する不満分子とし、『植崎九八郎上書』を参照できない史料という。また『甲子夜話』は、松浦静山が文政四年（一八二一）一一月甲子の夜に起稿し、その後二〇年間書き続けた随筆である。つまり田沼時代から、かなりの時間を経た史料のため正確さに欠けるとされる。さらに静山の叔母は本多忠籌《ただかず》の妻で、静山の妻の兄は松平信明である。本多忠籌と松平信明は、のちに詳述するが、定信の右腕ともなった盟友である。つまり松浦静山は、定信派に属する人物であるため、『甲子夜話』は気軽に使える史料でない、と指摘する。

　大石氏は、史料の信憑性を、一・自らの出世のために発言する植崎のような人間性に、二・定信に好意的な見解を述べる静山のような同派同属性に、三・執筆された時間的隔たりにあずけた。そこで、正確さに欠けるとか、使えない史料とか判断したのである。こうした傾向は、確かにあるかもしれない。しかし、これらはあくまでも一般的傾向であり、必ずしも文献の真偽を判断する科学的根拠とはならないであろう。ともあれ辻氏の使用した文献を一つ一つ吟味した大石氏は、意次の賄賂、腐敗政治をどれもが作為された悪事・悪評だとする。そして「多様な幅の人間を生みだした田沼時代の社会の幅を評価したい」と好意的に述べるのである。

　意次と比べると、松平定信は際立って評価が高い。定信は長い間、賢相とか、教養ある政治家とか、意次とは対極的に善政の代表者のように扱われた。定信は寛政年間後半、神道祭祀に傾倒し、自らを神人一体とするように考え、文人姿と武人姿の二体の木彫を制作させた。木彫には、文武両道の意味が込められていた。天明四年（一七八四）、定信は白河領に入ると、城内に藩祖松平定綱を祭る鎮国殿を建て、この霊社に寛政年間中頃、文人姿の木彫を安置した。もう一体は、白河藩邸下屋敷浴恩園の感応殿に諸神像とともに置かれた。定信は、藩祖と同じように藩士からの尊崇を求めたのである。定信は、木彫以外にも自らの肖像画を白河の霊社に納めた。撥乱反正《はつらんはんせい》の肖像画（図1）である。画面に「撥乱而反正　賞善而罰悪」（乱を撥めて正に反し、善を賞して悪を罰す）と天明七年六月「定信自写」と書かれる。これは、白河藩士服部半蔵が、江戸在勤の奥平八郎左衛門に定信

1.　松平定信　撥乱反正の肖像　絹本着色　1787年６月
鎮国守国神社蔵

画像を依頼し、白河に運ばれた作品であった。白河藩では、年始をはじめ必要な祭儀に応じて、藩士にこの画像を参拝させたのである。

定信は文政一二年（一八二九）、避難先の伊予松山藩邸で死去し、没後の天保四年（一八三三）一一月に守国霊神、翌五年四月に守国明神、安政二年（一八五五）に神宣《しんせん》を受けて守国大明神の神号を受けた。定信は神人一体となり、鎮国大明神として祀られたのである。明治以降も、明治四一年（一九〇八）に明治天皇から正三位を追贈され、大正一一年（一九二二）には南湖神社に祀られた。定信の顕彰は、幕府や明治期になると新政府の権力が背後ではたらいた。定信は、「天みづから民を治る事能はざる故に、天子をしてこれを治めしむ、天子自ら治むる事あたはざる故に、諸侯を立てゝ是を治めしむ、諸侯封内を治むは、則天子の命にして、是天の命ずる所なり、是によりて治る職は天の職にして、治る民は天の民也」という。普遍的な天は、わが国固有の天照大神と結びつき、神格化されて皇天《こうてん》となり、定信の皇天をいだくとする神国思想は、天皇の絶対性と封建制を打破して急ぎ近代国家をつくろうとする明治政府の方針と一致した。定信の神国思想のみならず、君臣父子の倫理観、風紀の厳正、海防の備えなどは、学制頒布や徴兵令などを次々と公布する新政府の方針と矛盾しなかった。そのため定信の評価は、明治期以降、広くゆきわたり、やがて定信の神国思想や倫理観を説く、手短な定信偉人伝が次々に出版されていった。

明治二三年、前述した『稿本国史眼』が出版され、定信を「英才博学」とし、「聖天子極ニ臨ミ、関東ニ賢相出ヅ、不日隆治《ふじつりゅうじ》ヲ見ント、人心頼テ安シ」と評した。次いで三上参次氏は、『白河楽翁公と徳川時代』で定信を高く評価した。定信を「人物も事業もともに秀でて、日本人の模範の一として景慕すべく、また以て歴史の一時期を代表せしむるに足るべき偉人」ととらえ、定信を模範的人物としたのである。こうした定信の評価は、現場の学校教育にもとり入れられた。

明治五年（一八七二）に発布された学制は、フランスの制度とアメリカの教育内容をとり入れたが、規模が大きすぎ、かつ経費も莫大で地方の実情に適さなかった。これに代わって明治一二年（一八七九）、「教育令」が制定されたが、これは自由民権論と欧米の功利主義の影響を受けていたため、きわめて自由主義的であると非難された。こうした自由民権運動の民主的思想、主知的教育に対して、忠孝仁義の道徳主義的教育が高まり、儒教思想が復活してくる。そこで明治天皇の側近で儒学者であった元田永孚《もとだながさね》は、明治一二年、忠孝仁義の徳育資料として「幼学綱要」を編纂し、官公立学校へ配布した。

もっとも教育方針は、自由主義的教育と忠孝仁義の教育とが対立し、容易に決着できる状態ではなかった。元田永孚や西村茂樹は、この混乱した実情を嘆き、徳育の基礎を定めるよう努力した。明治二三年（一八九〇）二月、徳育の涵養《かんよう》は、地方長官会議においても建議された。文部大臣榎本武揚は、児童に読み習わせる徳育の基礎となるものを考え、その後、新しく文部大臣に任じられた芳川顕正《けんせい》は、徳育の起草を作成した。そのさい法制局長官井上毅《こわし》と元田永孚も起草に関与し、苦心惨憺《さんたん》の末、できあがったのが教育勅語である。

明治二三年一〇月三〇日に発布された教育勅語は、「教育令」に代わって明治一九年（一八八六）制定された「学校令」と相まって、国家主義的な内容であった。文部省はすぐに、その謄本をつくり、全国の学校へ配布した。万世一系の国体を原則とした教育勅語は、天皇の有徳と国民の忠誠を「国体ノ精華」とし、国民の守るべき徳目を「父母ニ孝ニ、兄弟ニ友ニ、夫婦相和シ、朋友相信シ」と規定していた。儒教倫理を基本とし、近代の市民道徳を加味して天皇絶対制の理念を確立したのである。

「忠」・「孝」にてらしあわせた場合、定信は徳育の手本となる最適な人物の一人であった。定信は、忠孝について『花月草紙』で次のように述べる。

「親に孝するは、このみを人となし給へる御恵、山よりも高く、海よりもふかし。またそのおやもわれも子等もかくながらふるは、君の御恵なり」といふは、あさかりけり。そのむくひにて孝し忠するものにはあらず。人しらぬみ山の梅の花とてもかほらざるはなく、みたにの鶯《うぐいす》とてなかざるはなし。子となりてはかならずかく、臣となりてはかくあるべき道は、もとより人にそなはりたることにて、鳥獣も親をしたひ子をはぐくみ、寃牛《えんぎゅう》のことさへ語りつぐものを。

文中の「山よりも高く、海よりもふかし」は、『童子教』に「父の恩は山よりも高し、須彌山《しゅみせん》尚下し、母の徳は海よりも深し、滄冥海《そうめいかい》かへって浅し」とある。

また「寃牛のこと」とは、『司馬温公集』に載る話である。むかし華州という村に農夫がいた。農夫は仕事に疲れ、犂《すき》を枕に寝込んでしまった。近くの林にいた虎は、髭《ひげ》をたて尾を揺すぶって威圧し、農夫を食べようとした。すると側の牛が、すぐに農夫の前に立ちはだかり、左右の角で応戦した。虎は農夫を食べられず、立ち去った。農夫は熟睡していたため何がおこったか知らなかったが、ねむりから覚めると、なにか怪しいことがあったと思い、牛を疑って殺してしまった。牛は功があったにもかかわらず殺されたのである。定信は若きころ、『童子教』や『司馬温公集』などを読み忠孝の参考としたのである。

忠孝については、『退閑雑記』や『花月草紙』で取り上げられる。「君をたすけ国を治るは、忠のいとおもきもの」と言う定信は、万世一系の天子、親への忠孝を掲げる天皇制国家主義に合致する人物であった。教育勅語が配布されると、地方の徳育・修身は勅語に即して展開された。しかし学校現場で、朝夕教育勅語が読まれても、児童らはその内容が難しく理解できなかったであろう。それよりも一人の人物を取り上げ、その人物の行いや考えを教える方が、分かりやすい。

では、定信のおひざ元である福島県では、定信を学校教育でどう扱ったのであろうか。県教育会は、『福島県偉人事蹟』や『福島県青年読本』などいろいろな読本を編纂した。

明治二六年（一八九三）発行の『福島県郷土史談』に定信が載る。定信の生涯について二、三ページにすぎないが、生涯を述べる前に「感忠銘」を挙げる。「感忠銘ハ、白河の東十八丁許大沼村搦目《からめ》にあり（中略）文化年間、松平楽翁公、其古墟の北面断巌絶壁中に感忠銘の三文字を題し、其臣広瀬典、文章を綴《つづ》りて、其下に鏤刻《るこく》し、以て千載に伝ふといふ」と挿図を入れて紹介する。そして定信を「文を修め、武を講じ、忠良を挙げ、奸邪《かんじゃ》を黜《しりぞ》け」たとする。

明治四四年（一九一一）の『福島県偉人事蹟』では、定信の「倹素《けんそ》」をまず取り上げ、「身常に粗衣を着し、食膳常に一菜なり、同僚之を見て遽《にわ》かに衣食を節する」という。そして治績・営皇居・殖産・致仕の項目をたて、簡単に説明している。

大正六年（一九一七）の県教育会編纂『福島県青年読本』（本科用第一巻）は、定信を「一代の名君」として四ページの伝記を載せる。大田南畝の有名な狂歌に「世の中に、蚊ほどうるさきものはなし、ぶんぶというて寝てもいられず」というのがある。これを寛政の改革の批判ととらえるのでなく、定信が「如何《いか》に文武両道を勧奨したるかを見るべし」とするのである。これらの定信伝は、定信の正確な事績より、定信の精神を学ぶことに主眼が置かれた。先の『福島県偉人事蹟』に載る定信の「殖産」の項には、「司馬江漢と永田善吉を窃《ひそ》かに和蘭《おらんだ》につかはし、油絵及銅版の術を起したるが如き」とある。鎖国下の密航など、考えればすぐに不可能とわかる内容を誤記してしまう有様だった。児童は一汁一菜という質素な食事でも、定信のように文武に励めば、やがて立身出世できる、と学びとることが大切であった。定信は子供らにとって目指すべき人物で、学校教育における理想的な指標に祭り上げられた。定信の賢相としての評価は、読本や顕彰碑などを通し、中央から地方へ、広く浸透し定着したのである。

その後も、定信論は出版され続けた。明治四一年（一九〇八）の和田綱紀編『楽翁公と教育』は、定信が寛政二年に拡充した藩校立教館の学令・学則、大学経文講義、定信の著作などについて述べた書である。同年、定信とドイツの政治家フィリップ・フォン・スタイン（Philip von Stein, 1757-1831）を比較検討した、井上友一著『楽翁と須多因』が出版された。スタインは、ナポレオンによる屈辱的講和のなかでプロイセンの農政、都市制度などの改革を唱えた、定信と同時代人である。井上氏は、「二人の功業のみを語るを欲せず、寧ろ二人の修養如何をば、主として世に紹介せんと欲すること殊に切なり」という。つまり精神史の立場から、両人の修養を学びとるよう主張したのである。

大正期の政党政治の進展、民主的・社会的な運動の前進をへて、昭和期に入ると、国家主義的運動が内外にわたって展開された。定信論も、百年忌にあたる昭和四年（一九二九）以降、さかんに出版された。定信百年祭典が催された昭和四年、谷文晁、星野文良らの花鳥画や風景画も加えた『楽翁公餘影』が出された。さらに列挙すれば、昭和一二年（一九三七）渋沢栄一著『楽翁公伝』、同一六年（一九四一）深谷賢太郎著『松平定信公と敬神尊皇の教育』、同一七年佐藤太平著『楽翁松平定信』などである。多くは広瀬蒙斎の『羽林源公伝』に依拠しているが、『羽林源公伝』は、三上参次氏をはじめ、戦前の定信論の基本的史料であった。なかでも注目すべきは、渋沢著『楽翁公伝』である。同書の自序をみると、渋沢氏は『楽翁公伝』について三上参次氏に相談し、かれより資料、稿本を提供された。平泉澄氏がそれらを編纂し、草稿をつくりあげたが、渡欧してしまった。そこで中村孝也氏が修訂し、加えて三上・渋沢両氏が校閲訂正し、完成させたとある。その結果、『楽翁公伝』は、『白河楽翁公と徳川時代』と重複する部分がある。定信論といえば、寛政の改革をもってすべてをおわらす著作が多いなか、『楽翁公伝』は――定信を英雄視するところがあるが――定信を総合的にとらえたすぐれた著作であろう。こうした明治期以降の著作から定信の姿をみると、定信は公明忠正な政治家とされ、定信の教育は守国の理想となり、まさしく模範的な人物として担ぎあげられたとわかる。

第二章　田沼意次の時代

田沼意次といえば、よく目にするのは意次の戯画「まいない鳥図」や「まいないつぶれの図」である。これらは『古今百代草叢書《ももよぐさ》』に載り、最初に紹介したのは辻善之助である。まいない鳥は「此鳥金花山に巣を喰ふ、名をまいない鳥といふ、常に金銀を喰ふ事おびただし、恵少き時はけんもほろろにして寄りつかづ、但し此鳥駕籠は腰黒なり」と解説される。一方、まいないつぶれは、「此虫常は丸之内にはい廻る、皆人銭だせ、金だせまいないつぶれといふ」とある。賄賂《わいろ》で名高い意次を皮肉った画図として掲載されてきたが、近年、意次の戯画かどうか、疑問視されている。というのは、まいないつぶれの背に丸に十の字の紋があるためである。これは島津家の紋であり、意次の家紋である北斗七星をかたどった七曜紋《しちようもん》とは異なる。

田沼意次は享保四年（一七一九）、父意行《もとゆき》の長子として江戸で生まれた。意行は紀州藩の足軽で、吉宗が八代将軍となったさい、幕臣に編入された一人であった。晩年、小納戸《こなんど》役となっている。

一方、意次は享保一九年（一七三四）、吉宗の長子家重の小姓となり、宝暦元年（一七五一）に側《そば》用取次《ようとりつぎ》となった。側用取次は、将軍に近侍して幕閣に将軍の命を伝える役職である。この役職は、五代将軍綱吉のときからはじまった。幕藩体制が確立し、幕府行政組織が整うと、おのずと役職・人事・定数などが固定化していった。すると封建社会の家格身分制度において、家柄や格式が重要視されるのは必然である。つまり譜代門閥組が中核に居座るため、下僚はいつまでたっても登用される機会がない。徳川綱吉は、格式によらず、民政や財政に明るく、かつ能力ある下役に対し、人材登用の道を開いた。これが側用人の制度である。もっとも幕府の財政が悪化するなか、家柄による老中の合議制では、民政・財政の諸難題に素早く対応することができなかったから、側用人の制度は必要でもあった。勘定奉行になった荻原重秀《しげひで》、側用人の柳沢吉保《よしやす》は、門閥出身者でなく、自らの才覚と努力で重用された人物であった。

側用人という側近政治は、綱吉没後、六代家宣《いえのぶ》、七代家継にひき継がれた。家宣の側用人間部詮房《まなべあきふさ》は老中待遇にまで昇進したし、家宣・家継両将軍を輔佐し、幕府財政の安定につとめた新井白石は、家宣より破格の待遇を受けた。しかし両人とも、門閥組でなかった。側用人の制度は、八代将軍吉宗のとき廃止された。吉宗はこれにかわり、側用取次を置いたのである。側用取次に抜擢《ばってき》された有馬氏倫《うじのり》、加納久通、そして田沼意次は、みな新参の幕臣であった。延享二年（一七四五）、吉宗が隠居して西の丸へ移り、家重が九代将軍となって本丸へ居を定めると、意次もそれに従った。家重は、病弱で言語不明瞭であったという。こうした身体的な負担があればこそ、吉宗は次子の宗武《むねたけ》より家重を愛《いと》おしく思ったのかもしれない。ともあれ英明な宗武でなく、病弱な家重に政権を譲った吉宗は、壮健なうちに退位を決意し、背後から家重を助けたのである。

本丸へ移った意次は小姓組番頭格、小姓組番頭、そして宝暦元年（一七五一）、側用取次へ昇進した。宝暦五年（一七五五）に五千石を加え、三年後には、相良《さがら》藩一万石の領主となり、旗本から大名へと進んだ。しかも同八年（一七五八）、幕府の政策を評議立案する評定所へ出座することになる。側用取次が将軍許可のもと、寺社奉行・勘定奉行・町奉行らの評定所へ列座するということは、特別な事態であった。意次の並々ならぬ出世といえよう。

意次が評定所へ出座したとき、郡上《ぐじょう》一揆の問題が提訴されていた。郡上一揆は、吉宗の増税策が続くなか、郡上八幡藩主金森頼錦《かなもりよしかね》が自らの出世のため、有毛検見法《ありげけみ》により年貢増収を企てたところ、これに反発して起きた農民の騒動であった。

この騒動は宝暦四年（一七五四）から四年あまり続くが、同八年四月、農民側が目安箱に訴状を出すことにより、評定所の審議事項となったのである。

審議の結末は、郡上八幡藩主の領地没収、農民側の獄門死罪や遠島、さらに幕閣においても老中本多正珍《まさよし》は、幕府の名をもって藩政に介入したことにより役儀をとりあげられた。また若年寄本多忠央は、領地を没収され、勘定奉行・大目付・郡代も罰せられた。本多忠央の遠州相良の領地は、領民が定信の友人本多忠籌《ただかず》の領地に編入するよう要望したが、却下されて意次の加増地とされた。このことは、忠籌をして意次を増怨《ぞうえん》させたかもしれない。評定所の審議を左右した意次は、宝暦八年一万石の領主となり、幕政運営の発言権を増した。宝暦一〇年（一七六〇）、家重が隠居し、家治《いえはる》が第一〇代将軍となった。家治に仕えた意次の昇進は、いっそう顕著なものとなった。意次は、明和六年（一七六九）、老中格となり、安永元年（一七七二）には、老中となる。幕閣の最高位である老中職には、二万五千石以上の譜代大名があたるにもかかわらず、紀州家の下級武士出身の意次が老中になったことは、異例の出世であった。家格身分制を尊ぶ封建社会にあって、こうした出世をとげた意次は、のちに譜代門閥層からの反発を招くこととなる。

　意次は従来の土地経済から商品生産経済へと変動するなか、通貨の一元化に努力し、新しい貨幣の鋳造を試みた。明和二年（一七六五）の「明和五匁《もんめ》銀」と安永元年の「明和南鐐《なんりょう》二朱銀」である。意次の目的は、貨幣経済を発展させ、商人の勢力と妥協して幕府の財政を強化することであった。当時の貨幣制度は金・銀・銭の三貨で、それぞれ独立した価格体系をもった。しかも京・大坂では銀貨が、江戸では金貨が使用されたから、搬送された商品を決済する際、金貨、銀貨の交換が余儀なくされた。もっとも幕府は交換レートについて、一定の基準を提示していた。

　慶長一四年（一六〇九）に金一両＝銀五〇匁＝銭四貫文であり、元禄一三年（一七〇〇）には、金一両＝銀六〇匁＝銭四貫文であった。関東ではながい間、金一両が銀六〇匁に相当したが、寛政期の大坂では、金一両が五五匁あまりであった。そのため五五匁の商品を江戸に運んで売却すれば、金一両となった。

　しかし実際には、日々各地で相場が変動した。日々変動すればこそ、そこに両替商の利潤があった。なかでも従来の銀貨は、丁銀《ちょうぎん》、小玉銀《こだまぎん》のように貫《かん》・匁という重さではかる秤量《ひょうりょう》貨幣であった。はじめて一定の量目を明示した「明和五匁銀」は、秤《はかり》にかける必要のない一枚五匁の銀貨で、一二枚で六〇匁となり、これをもって金一両と交換可能となる。つまり金、銀の異なった価格体系でなく、一元化された通貨となる。しかし利潤のなくなるとみた両替商は、これに猛反対したのである。

次いで鋳造されたのが、「明和南鐐二朱銀」である。南鐐とは、質のいい銀という意味である。安永元年の発行にもかかわらず、明和といわれるのは、明和九年九月の発行で、この年の一一月に安永と改元されたからである。この貨幣の表に「以南鐐八片換小判一両」——裏には、「銀座常《じょう》是《ぜ》」と刻印——と刻まれているから、この銀貨八枚で小判一両と交換できる。しかも「明和五匁銀」のように銀貨の単位である匁という重量でなく、金貨の単位である両・分・朱《しゅ》の朱を使っている。だから銀貨でありながら二朱金として使用することができる。明和五年（一七六八）、真鍮《しんちゅう》四文銭が発行された。従来の一文銭の銅銭である寛永通宝四ヶ分にあたるが、その価値はなかった。「南鐐二朱銀」や四文銭は、むやみに発行されたため、金銀銭の三貨の相場を乱し、大坂と江戸の両市場で商品流通が円滑にいかなくなった。そこで、田沼意次失脚後の天明八年、二朱銀の鋳造が停止され、ついで四文銭鋳造禁止令が出された。しかし商品経済の発展に比例して貨弊の需要も増し、二朱銀の人気もでてきたため、幕府は、寛政二年九月に二朱銀の流通令を出し、とりわけ大坂市場でその流通を進め、金銀相場の解決をめざした。定信が老中を罷免された七年後の寛政一二年（一八〇〇）、二朱銀は再度鋳造されるのである。

田沼意次は、貨幣の一元化のみならず印旛《いんば》沼の干拓や蝦夷地開拓計画にも積極的であった。そもそも新田開発は、農業生産の増大のために、幕府のみならず諸藩からも奨励された。開発が貢租の対象となるからである。一六世紀末の田地は、全国で百五十万町歩あまり、一八世紀前半には、およそ二倍の三百万町歩となった。開発に熱心な吉宗は、町人にも新田開発を許可したため、富裕町人のなかには、開発を請け負うことにより大地主となる者も出てきた。意次の印旛沼開発は、吉宗の挫折した事業を引き継ぐもので、天明二年（一七八二）、干拓工事が決定した。そもそも利根川下流にある巨大な湖沼印旛沼は、利根川の増水により、その周辺は水害にみまわれた。そこで新田干拓にあたり、利根川と接するところを閉じるため、堤や掘割を造る必要があった。江戸湾に水を流し込むためである。天明五年に着工し、工事がかなり進んだところ、天明六年（一七八六）の大洪水で〆切《しめきり》堤《つつみ》が崩れてしまい、工事中止に追い込まれてしまった。

蝦夷地は、後述するように、農耕のみならず、鉱物埋蔵の有望な土地とみられ、開拓計画が進められた。意次は蝦夷地の実態をとらえ、幕府の主導のもと、ロシアとの交易を考えた。意次は、元来、交易の振興に熱心で、縮小傾向にあった長崎貿易を拡大させたのも、意次であった。そのため各地の銅山開発が奨励され、蝦夷地の海産物である俵物《たわらもの》の生産がすすめられた。銅や俵物を輸出し、不足した金や銀を輸入する計画である。意次はオランダ、中国との貿易のみならず、ロシアとの交易により、幕府の財政を立て直そうとした。

しかし、天明六年九月、将軍家治《いえはる》が五〇歳にして病死し、家治の病状悪化に意次の関与が疑われ、意次は老中を解任された。その結果、蝦夷地開拓計画は失速し、中止されてしまった。松平定信が老中になると、開拓計画は消滅し、蝦夷地に新たな問題が生じるのである。

田沼時代は、自由で開放的な大気が流れた。これこそ田沼時代の特質だといえる。こうした開放的な時代だからこそ、商人の力を増大させ、開拓事業を促進させ、貿易の制限を緩めたのであろう。中庸の徳ともいえる寛大の時代であったといってよいかもしれない。

しかし、この自由がいき過ぎると、賄賂《わいろ》が横行し、紀綱が紊乱《びんらん》する。文学や芸術も硬直した規範や組織のもとでは、家元の正統性のみを墨守し、粉本主義に陥りやすい。先代の規約や組織の踏襲より、それらを打破することによって新しいものが誕生しよう。新たな創造は、秩序や伝統を欠くが、そこに開放的な雰囲気が生じる。文学や芸術の創作や活動にとって大切なことは、多少の紊乱があっても、背後に開放的な自由が存在することであろう。杉田玄白が『解体新書』を翻訳出版できたのも、鈴木春信が錦絵をつくり出すのも、人や時代の自由な空気とかかわっていよう。

杉田玄白は、『蘭学事始』で次のように述べる。

その頃《ころ》より世人何となくかの国持渡《もちわた》りのものを奇珍とし、総べてその舶来《はくらい》の珍器の類を好み、少しく好事《こうず》と聞えし人は、多くも少くも取り聚《あつ》めて常に愛せざるはなし。ことに故《もと》の相良侯当路《こうとうろ》執政の頃にて、世の中甚だ華美繁花の最中なりしにより、彼船《かのふね》よりウエールガラス（天気験器）、テルモメートル（寒暖験器）、ドンドルガラス（震雷験器）、ホクトメートル（水液軽重清濁験器）、ドンクルカームム（暗室写真鏡）、トーフルランターレン（現妖鏡《げんようきょう》）、ソンガラス（観日玉）、ループル

（呼遠筒《こえんとう》）といへるたぐい種々の器物を年々持ち越し、その余諸種の時計、千里鏡、ならびに硝子《ガラス》細工物の類、あげて数へがたかりしにより、人々その奇巧に甚だ心を動かし、その窮理の微妙なるに感服し、自然と毎春拝礼の蘭人在府中はその客屋に人夥《おびただ》しく聚《あつま》るやうになりたり。

文中の「相良侯当路」は田沼意次で、意次執政の頃というのであるから、安永・天明期の風潮を伝えている。意次をはじめ江戸の好事家は、舶来の珍品を好んで収集できる自由で開放的な大気があったと分かる。杉田玄白はこうした背景のもと、安永二年（一七七三）に『解体約図』を、翌年蘭学の金字塔ともいえる『解体新書』を出版した。これは『ターヘル・アナトミア』こと、蘭書『オントレートクンディヘ・ターフェレン』（*Ontleedkundige Tafelen*）の本文のみの翻訳だが、わが国最初の本格的翻訳書であった。もっとも玄白とて、安閑として出版したわけでない。『解体約図』という案内予告を配布し、その反響をみて『解体新書』を出版した。というのも明和二年（一七六五）、玄白も知る後藤梨春が『紅毛談《おらんだばなし》』を出版し、咎《とが》めを受けたからである。これはオランダの地理・風俗・珍品類を雑録した小冊子だが、アルファベットを記載したことが問題視された。一説に絶版を命じられたとあるが、疑問である。というのは、文化三年（一八〇六）の『紅毛噺《おらんだばなし》唐操毛《からくりげ》』は『紅毛談』と同じ内容で、『紅毛談』の板木は残されていたと分かるからである。後藤梨春の咎めも、ひどいものではなかったのであろう。周囲に配慮して公刊した『解体新書』をもって、蘭学という言葉が広まり、蘭学の興隆期を出現させたのである。

多くの蘭書や銅版画を収集した杉田玄白の友人平賀源内も、開放的な自由を堪能した一人であった。源内は幕府の医師千賀道隆・道有父子と親交し、この父子の橋渡しで田沼意次にとり入った。本草学に熱心な源内は、明和七年（一七七〇）に二度目の長崎遊学をするが、この遊学については、「田沼侯御世話ニて、阿蘭陀《おらんだ》本草翻訳のため長崎へ罷越し候」（「服部玄広への書簡」）とある。源内は意次の許可のもと、長崎でオランダ語を学び、自ら所蔵するドドネウス著『植物図譜《クライト・ブック》』（Dodonaeus: *Cruydt-Boeck*）を翻訳したかったと思われる。源内は「阿蘭陀翻訳御用」として長崎へ遊学したものの、蘭書本草書の翻訳は頓挫してしまった。西善三郎から譲られたエレキテルを江戸へ持ち帰ったことぐらいが、遊学の成果といえるかもしれない。

さて田沼時代は、冥加金《みょうがきん》を上納することを条件に特定の商人に株札を発行し、株仲間を公認した。株仲間はやがて市場を独占し、莫大な利益を得る。台頭した富裕商人は開放的な大気を満喫し、また幕臣でも役職にありつけない旗本のなかに、風流を楽しみ、学問や文学に勤《いそ》しむ者も出てきた。新しい文芸の開花は、かれらに依拠するところが大きい。その一例が、黄表紙《きびょうし》、洒落本《しゃれぼん》の成立であり、錦絵の誕生である。

明和二年（一七六五）、江戸で大小絵暦《えごよみ》が流行した。大小絵暦は、その年の大の月、小の月の順序を知らせるために作られた略暦である。この年の正月、江戸の裕福な好事家は、以前より華麗で機知に富んだ絵暦を競った。森島中良は、「明和二申の歳大小の会といふ事流行《はやり》て、略暦に美を尽《つく》し、画会の如く勝劣定むる事なり、此時より七八遍摺の板行を初てしはじむ」（『反古籠』）と報告している。こうした好事家の競作により、鈴木春信をして錦絵を誕生させた。江戸名物の東錦絵の人気と相まって、春信は一躍画壇の頂点に上り詰めたのである。美人や役者の錦絵は、極彩色でいっそう華美となり、現世の享楽的な流行を反映していった。こうなると奢侈《しゃし》を禁じ、倹約を旨とする寛政の改革や天保の改革では、当然、取り締まりの対象とされるのである。

学芸を開花させた田沼時代に自由な空気はあっても、一方で宝暦から天明にかけて幕藩体制の構造がきしみだした。享保の改革後、年貢の徴収は宝暦期に頂点に達し、それ以後の増徴策を幕藩領主に困難とさせた。本来、農村の基本的対策は、本百姓の経営維持におかれるが、享保以降、地主制の展開とともに年貢の負担が過重となり、窮乏する農村が多発し、貧農民が増大した。つまり、本百姓自体の存在が危ぶまれてきたのである。その結果、貧農民の脱農化、本百姓の減少などにより耕地は荒廃し、労働力は不足していった。そればかりか従来の自給自足体制の農村機構は、商品貨幣経済が浸透することによって変化した。水呑百姓が増大して農民層が分化してしまい、一揆が頻発したのである。百姓一揆は、享保の改革後半からしばしばおこり、宝暦期以降は著しい数となった。

松平定信は、こうした動揺の時代に体制の秩序を堅持し、危機的財政を立てなおそうと決意し、登場するのである。

第三章　誕生と父田安宗武からの影響

松平定信は宝暦八年（一七五八）一二月二七日、田安宗武《むねたけ》の七男として江戸田安邸に生まれた。幼名を賢丸《まさまる》という。八代将軍吉宗には四人の男子がおり、長男は家重、次男は宗武、三男は早世し、四男は宗尹《むねただ》であった。家重は九代将軍となり、宗武は田安家を、宗尹は一橋家を江戸城内に創設した。田安家・一橋家に、清水家を加えて御三卿といい、尾州・紀州・水戸の御三家とともに宗家を継ぐ位置にあった。家重は病弱で、言語も不明瞭であったといわれる。それに対し宗武は、父吉宗に似て、武芸のみならず学芸にも秀でていた。そのため老中松平乗邑《のりさと》のように、才気ある宗武を九代将軍に推す人も少なからずいたのである。もし、宗武が家重に継いで一〇代将軍となっていたら、定信が、一一代将軍となる可能性は極めて高かった。というのは、定信には六人の兄がいたが、四人は早世、残されたのは治察《はるあき》と定国で、治察が田安家を継いだが、安永三年（一七七四）に二二歳で死去し、子がいなかったからである。なお兄の定国は、明和五年（一七六八）、松山藩松平定静の養子となった。

定信は幼少時代、田安家の儒臣大塚孝綽《たかやす》から漢学を学び、側近の水野為長《ためなが》より和歌を学んだ。孝綽より宋代の一三経の一書で孔子の孝道を記した『孝経』を習った。定信は一二歳のとき、『自教鑑』を著した。『宇下人言』に、「大塚氏に添削をこひたれば、そのうちの書にしては見よきなり」とあって、師大塚孝綽が手を入れて直したと分かる。『自教鑑』は夫婦、父子、兄弟、友人など人倫の大義をまとめたものだが、父宗武はこれを喜び、父より「史記を賜ふ」と定信は記している。定信は一二、三歳ごろ、狩野典信《かのうみちのぶ》から絵画を学んだ。典信は享保一五年（一七三〇）に生まれ、安永九年（一七八〇）、法印に叙せられて栄川院と称した江戸中期の画家である。法印に叙せられる三年前、狩野尚信《なおのぶ》の拝領地竹川町は木挽町《こびきちょう》へ移ったため木挽町狩野と呼ばれ、典信はその第五代であった。一〇代将軍家治に気に入られ、旗下に列している。定信は典信について、

もとより画をよくして、寵遇《ちょうぐう》にあづかりけり。宝暦の頃か、朝鮮人来りしとき、栄川院も仰《おおせ》によてかの旅館へ来りて、画なんど論じたりとぞ。

と言う。「朝鮮人来りしとき」とは、宝暦一四年こと明和元年（一七六四）、一〇代将軍家治の襲職《しゅうしょく》祝賀のために来朝した朝鮮通信使のことであろう。通信使は江戸時代、合計一二回来朝した。これは一一回目にあたり、このとき典信は、かれら一行に画論を述べた。滑稽《こっけい》を好んだ典信は、両手を胸の前で重ね合わせ、上下して拝する揖拝《ゆうはい》を「手を拱して少しほゝゑみ、坐したる儘《まま》にて拝」した

ため、かれらの笑いをさそった、と定信は伝えている。

狩野派は代々幕府の御絵師を務めたばかりか、各藩も狩野派の絵師を召しかかえ、幕末まで絵画教師としての地位にあった。したがって定信が狩野派を学ぶことは、ごく自然のなりゆきである。桑名市博物館所蔵の「呉竹図」や個人蔵の「墨竹図」(図2)は、狩野派の粉本を踏襲した典型的な一例といえよう。その後、定信は田安家の家臣山本又三郎こと源鸞卿《らんきょう》から沈南蘋《しんなんぴん》の画技を学んだ。鸞卿は享保一四年(一七二九)に生まれ、文化元年(一八〇四)以降に没した画家で、清水文次郎こと諸葛監《しょかつかん》から画を学んだ。

南蘋《なんぴん》派の祖となる沈南蘋は、享保一六年(一七三一)に来船し、二年後に帰国したが、南蘋に続いて高鈞《こうきん》、鄭培《ていばい》、宋紫岩《しがん》、諸葛晋《しょかつしん》らが長崎に来た。南蘋派は、かれらから教えを受けて形成された一派であり、長崎・大坂・江戸で隆盛した。江戸南蘋派の一人である清水文次郎は、清人諸葛晋の画風に傾倒し、名を諸葛監と中国風に改めた。もっとも長崎へ向かったかどうかは不明であるが、諸葛晋や明・清の作品をよく臨写している。諸葛監は花鳥画(図4)を得意としたが、かれから学んだ源鸞卿にも花鳥の作品(図3)が多い。南蘋派の絵画は、入念な写生体に加えて、鮮やかで濃彩な色合に特徴があったため、諸大名や富豪らに求められた。定信の安永九年(一七八〇)、ならびに天明元年(一七八一)の絹本着色「柳に白鷺《しらさぎ》」、絹本着色「花鳥図」には、鸞卿から学んだ南蘋派の画風をよく伝えている。定信は、伝統的な絵画を愛好したことは言うまでもないが、江戸で流行し、新しい絵画潮流ともいえる南蘋派まで学んだ。もっとも、南蘋派だけに傾倒することはなかった。定信はのちに『退閑雑記』で南蘋の写生体をもってしても、「只かの国の事のみ」描くのでは意味がないと言う。すべて一方向にのみ盲従しない定信の性格が、絵画の領域においてもよくあらわれていよう。定信は詩画書を学習するばかりか、武芸に関しても、日置流の弓術、新蔭流の剣術、大島流の槍術、大坪流の馬術などを錬磨した、と『楽翁公伝』は伝えている。

定信は一一、二歳頃から詩を作った。それらは韻字が不十分で、大塚孝綽にしばしば添削され、定信自ら「詩ともいひがたきほどなり」と言う。こうした理由で、漢詩より和歌を好むようになったのかもしれない。一六歳のとき、歌人としての名を高める歌を詠んだ。

心あてに見し夕顔の花ちりてたづねぞわぶるたそがれの宿

これは、『源氏物語』の夕顔巻を典拠としている。一七歳の光源氏は、六条の御息所《みやすどころ》の邸宅へ通う途中、五条の病身の乳母を見舞った。と、源氏は隣家に咲く白い夕顔の花に興味をそそられ、折ってくるよう命じる。隣家の女は扇に夕顔を一輪のせて贈り、やがて源氏はこの女夕顔と恋におち、女のもとに通った。ある秋の夜、源氏につき従った夕顔は、六条近くの廃院で、突如現れた源氏を恨むものの怪《け》におびえ急死してしまう。源氏は悲嘆のあまり、病床に臥《ふ》してしまった。源氏と夕顔の悲恋の巻である。定信は夕顔のはかない死を思い、訪ねてもさみしいだけの黄昏《たそがれ》の五条の宿だ、と詠《えい》じたのであろう。

2.　松平定信　墨竹図　紙本墨画

3.　源鸞卿　菊に白頭翁図　絹本着色　1804年　神戸市立博物館蔵

4.　諸葛監　翠柳芙蓉白鷺小禽図　絹本着色
1765年　神戸市立博物館蔵

松浦静山は随筆集『甲子夜話《かっしやわ》』で、定信を和歌の道でもすぐれた人物とし、一六歳にて詠んだ歌を「秀逸《しゅういつ》」という。さらに「定信老職となり、事に因りて京師に抵《いた》る。月卿雲客《げっけいうんかく》指さして『黄昏の侍従《じじゅう》来たりし』と云ひしとぞ」と続ける。定信は、先の歌により公卿らに「たそがれの少将」とか「夕顔の少将」と呼ばれ、歌人として名をはせたのである。定信は、『源氏物語』を「心ふかくつくりし」(『花月草紙』)ものとして愛読した。定信は自叙伝『修行録』で次のようにいう。

源氏ものがたり計も七度かき、廿一代集二部、八代集一部、万葉集は両度、三代集のたぐひ、さごろも(狭衣)、いせものがたり(伊勢物語)などいくつかきけん、忘れにけり。六家集も五度ばかかんもかきにけん。

定信は文化年間、古典の書写を日課としたが、『源氏物語』を七回も書写した。たいへんな熱愛ぶりである。文化一一年(一八一四)一一月、定信と親交のある堀田正敦《まさあつ》は、「詠《えい》源氏物語和歌」を催した。『源氏物語』の巻名を題に詠まれた歌会である。雲隠巻を一巻とし、鈴虫巻に和歌のみならず林述斎の漢詩を加え、総勢五六名の詠者であった。定信の和歌の交流人派をわからせる歌会であり、幕府歌学方の北村季文《きぶん》は横笛を、定信は夕顔を再び詠《よ》んだ。「夕顔の露よりなれてかげきゆる月をちぎりの袖の上かな」とある。定信は露・月・袖を比喩的象徴として取り上げ、源氏と夕顔の恋が悲しい結末になったことを思い忍び詠じたのであろう。定信五七歳のときのこの歌は、一六歳で夕顔を詠んで以来、四〇年あまりの歳月が経過していた。

定信には、恋の和歌などほとんどない。にもかかわらず、何故七回も書写するほど、『源氏物語』を愛読したのであろうか。そもそも源氏の恋の遍歴や密通は、儒教思想からすれば、非倫理的行為として擯斥《ひんせき》すべき事柄である。定信は、『源氏物語』や『狭衣物語』などを書写することにより、「歌のよきあしきも聊《いささか》心にわかりぬ」と言う。したがって「源氏見ざる歌詠みは遺恨のことなり」と認識し、歌人にとっての必読書として接したのであろうか。また定信は、源氏が帝となりうる立場にいながら臣下になったことに、自らの境遇を重ねたのであろうか。また『花月草紙』の「源氏の評」を読むと、源氏をとおして人間の善悪の行為とその結果としての返報をみていたようにも思える。ともあれ『源氏物語』は、定信にとって「心ふかくつくりし」物語であり、「奥意の深きをおぼゆ」る物語であった。

古典籍をさかんに書写した定信は、文政元年以後の出版とされる『花月草紙』で、「和書の評」を取りあげた。

いせものがたりは梅のごとく、源氏ものがたりは桜のごとく、さごろもは山吹のごとし、つれづれぐさはくす玉につくれるはなのごとしと、ひとはいひけり。

「ひとはいひけり」とあるが、定信の評価でもある。源氏は桜、伊勢は梅、狭衣は山吹とし、『徒然草』は「くす玉につくれるはな（花）」とする。前三者の物語は自然の花に、後者の『徒然草』のみは人工の花にたとえる。これは優劣を述べ、『源氏物語』などの三書は「優」、『徒然草』は「劣」なのである。この優劣は、定信の庭園観をみればすぐ理解できる。定信は、『菟裘《ときゅう》小録』で庭造りについて次のように述べる。

庭はたゞ地勢といふものあり、海ちかきところは、たとへ海などみゆるにあらねども、木だちといひ、吹かぜまでも、海のおもむきはあるなり。それをみやまのつきにつくらんとしては、おのづからのけしきにさかふものなり。石にも海と山とのたがひあり、せばき庭ならばともあれ、広くばその地勢をからがへてつくるべし。水など流るゝならば、山河のやうにし、滝おとしなどつくらば、手ごろの石は、わけもなくたゞ高くなげあげて、おつるときのおのづからの姿にまかすべし。

そして最終的に、庭造りを「わが心にたくはふる事なく」、「地勢にしたがふ計なり」とするのである。

定信の庭園観は人工の力や技術を極力廃し、自然地形を生かして、自然の摂理に従って作庭することであった。定信の造った五つの庭園は、すべてこの作庭法に依拠した。だから江戸の浴恩園も白河の三郭四園《さんかくしえん》も、「人力多く費やすにあらざるとも知るべし」と言うのである。美学において美的現象を総括する基本的概念は、自然美と芸術美に分けられる。一般に自然美は、自然の所与に見出される美であり、芸術美は芸術家の創造による所産にあらわれた美である。定信は、芸術美より自然美を主眼とした。もっとも定信の命により描かれた庭園真景図は、美的な芸術作品である以上、自然の単なる外形模倣ではない。自然の本質とか生命を直観的に把え、自然の真実を表現した作品である。したがって写実的な真景図は、絵師の内面的な表出であることは避けられないが、ただその際、絵師の意欲的な情態を手がかりとしつつも、これより多く自然を手がかりとした作品ということである。このように自然美と芸術美とに区別し、定信の先の人工の花と自然の花を判断すれば、人工の花に比喩される『徒然草』は、定信の意に添わず、『源氏物語』などより「劣」なのである。『花月日記』(岡島偉久子・山根陸宏翻刻本)によると、定信は文化一三年(一八一六)閏八月四日、「きのふよりつれづれ草を書」きはじめた。この年の八月三日、大風雨にみまわれ、東本願寺の鐘《しょう》楼《ろう》が吹き倒され、大船が永代橋に衝突した。嵐のため庭園散歩をできなくなった定信は、浴恩園の千秋館にこもり、「仏めきたるに、名聞にのみかゝるさま、心にくけれど、かくべきものなければ、おりおりのなぐさめにと思ひ」たって、『徒然草』を書写した。『徒然草』の書写は、『源氏物語』の場合とかなり異なる。書写するものがないから、たまたま『徒然草』を書写したにすぎない。しかも『徒然草』を「仏めきたるに、名聞にのみかゝる」という。『徒然草』が、中世特有の仏教的世界観を反映した随筆であることは、今さら言うまでもない。たとえば、『徒然草』一一二段は、遠国へ旅立つ人・年老いた人・出家する人などは他事を気にかけないし、他人もそれを恨まない。世間の儀礼は大切だが、これに従うと雑事に妨げられ、人生が無駄になる。今こそ「諸縁を放下《ほうげ》すべき時なり」という内容である。諸縁も放下も仏教用語である。兼好は、雑事をすべて捨て、関係を絶ち、仏道に精進すべきとき、というのである。

さて、定信はこの兼好の生き方に批判的であった。『花月草紙』の次のような「仏の教」から、定信の仏教観がわかる。

わが欲を、欲もてふせがんとするはいとかたし。「けふ盃にひとつ酒のまんよりは、あすはこゝろにまかせてのますべし」といふがごとし。「この世はかりのよなり、かの国には、よきねの鳥、よき色かの花よりして」など教ゆるは、その国のおろかなる民ぐさのはかなきほどもしられぬ。

定信は、現世の欲を極楽観念をもって捨てさることなど愚かであるという。きわめて仏教思想に否定的なのである。定信は、兼好のみならず歌人西行に対しても批判的であった。西行はかつて武術にすぐれ、兵法に通じ、鳥羽上皇に仕えた北面の武士であった。和歌に秀でたため上皇に愛された。しかし世の無常を感じ、妻子をすて、嵯峨で出家、雲水を友として諸国を周遊しつつ、和歌を詠んだ。俗名を佐藤義清《のりきよ》、法名を円位《えんい》という。定信は、西行を「いと情欲のふかき人なりけめ」と言い、西行の生き方を批判する。

妻子をも家をもうち捨て出たるぞ、いとうるさくわづらひとなり侍りしとこそ思ひやらるゝ。妻子のいとほしくあはれに家をしたひぬるは凡の情なり。それによてうるさくわづらひとなりて身の置どころなきほどに思うぞ、情欲ふかきによれるにや。もとよりかの浮屠《ふと》の道にまよひて、世を遁《のが》れ侍るを高致とせしより出きにけん。もとゞりきりて、そこはかとなくありきわたりたるとて、何のたとき事もあらじ。されど歌はすぐれたる人なりけめ。

定信は父宗武と同様に、西行の歌はすぐれていると認めた。しかし、妻子を捨てて世をさけ、仏道に入ったことを西行の情欲とし、西行を情欲のふかい人物と非難した。定信は、為政者として現世の問題と常に向きあったから、仏教の隠栖思想を最高の極致と考えなかった。それどころか妻子を捨て、侍の身分を捨てた西行を自らの本分を果たさない人物として嫌った。兼好や西行は、世がいやになり仏道に救いを求めた厭世《えんせい》家であり、これとは反対に、定信は世の問題を対処する経世家であったのである。

定信が『源氏物語』を愛読したり、『徒然草』や西行の生き方を非難するようになったのは、父田安宗武の教えや気質を受け継いだものと思われる。田安宗武は武芸・学芸に秀で、江戸の六歌仙にも選ばれ、かつ近代に至っても歌人として高く評価された。宗武は、明治の俳人正岡子規によれば、「勁健《けいけん》にして高華、古雅にして清新」な人物なのである。『源氏物語』が成立して以来、読解の指針を示すため数々の注釈書が著された。同様に『徒然草』も近世に至ってもよく読まれたため、いろいろな注釈書が書かれた。宗武の「徒然草評論」は、昭和一七年（一九四二）出版の土岐善麿《ぜんまろ》の労作『田安宗武』第二巻に記載される。

『徒然草』の序段は、「つれづれなるままに、日暮らし、硯《すずり》に向かひて、心にうつりゆく由《よし》なしごとを、そこはかとなく書きつくれば、あやしうこそものぐるほしけれ」とある。退屈に任せて、一日中硯に向い、次から次へと心に移りゆくたわいないことを、とりとめもなく書きつけてみると、変に狂おしい気持ちになる、というのである。文中の「ものぐるほし」はながい間、多くの注釈書で兼好の謙遜《けんそん》な詞と解された。物静かに自己を客観的に見つめる兼好の態度がうかがえるとする。

しかし、宗武の解釈は異なった。宗武は「〈ものぐるほしけれ〉といひたるをひげ（卑下）したる詞なりと注したるおほかれど、さはおぼえず」と言う。つまり、「ものぐるほし」は兼好のへりくだった言葉でないとする。兼好は、自らの「才をしらすべきのよすがにやつく」った『徒然草』に一貫した姿勢をもたず、世の人になじられるのを恐れて、「ものぐるほし」と言ったにすぎない。宗武は、「ものぐるほし」を多くの人への「あざむき」と解した。貴人に気を配った兼好には、仏教を悟り、世間をさける気持ちなどなく、貴人から起用があれば、すぐにも仕官する意図があった、と解釈したのである。定信は、父宗武から徒然草観をどう教えられたかわからないが、かれも『徒然草』を批判した。こうした価値判断は、父の気質を受け継いだものかもしれない。

『源氏物語』に関しても、宗武は延享三年（一七四六）、和学御用として賀茂真淵を登用した。真淵は宗武に『源氏物語新釈』を呈上しており、定信に『源氏物語』を教えることもあった、と思われる。定信は、万葉調歌人として、また賀茂真淵を重用して古学を愛した父宗武のもとで育った。こうした環境が、父と同じような国学的な考え方や趣向を定信に受け継がせたのであろう。文学のみに限ったことではない。絵画・有職故実《ゆうそくこじつ》などでも、父と同じ好古の気質が定信にみられるのである。明和八年（一七七一）、定信一四歳のとき、父宗武は五七歳をもって没した。

第四章　襲封・老中首座前夜

安永三年（一七七四）三月、定信は白河藩主松平定邦の養子となった。この養子縁組には複雑な問題があった。というのは、田安家を継いだ兄治察《はるあき》は、この年の七月病にかかり、翌月二二歳の若さで死去してしまったからである。治察には子がなく、絶家《ぜっけ》の危機におちいるため、田安家ではこの縁組を解消し、定信を戻したかった。この縁組について、『宇下人言』は次のように伝える。

此家この度断絶しなば、宗武公へ何といい侍らん。賢丸《まさまる》を久松家へ養ひにやりしは、もと心に応ぜざる事なれども、執政邪路のはからいより、せんかたなくかく為りしなれども、ゆるしたるはわれと治察と重臣なり。断絶するときは、いかに初のこといひわけたらんとて何のかひもありなん。

文中の「久松家」は白河の久松松平家、「執政」とは田沼意次である。すると田安家は、久松松平家との養子縁組を望まなかったが、「せんかたなく」承諾したのであった。「執政邪路のはからい」

とあるから、幕府中枢でなんらかの政治的利害が働いた。意次は、門閥家で賢才な定信が将軍になることを恐れたのであろう。そこで養子縁組をすすめ、田安家への復帰を妨げることにより、定信を田安家から遠ざけたのかもしれない。意次のほか、一橋治済《はるさだ》の政治的立場も微妙である。一一代将軍家斉《いえなり》は、一橋治済の子であった。つまり、治済は将軍家継嗣の問題に関し、一橋家から継嗣を出すことを考え、養子縁組により定信を将軍候補者から排除したかったのかもしれない。この考えは、『楽翁公伝』によるが、治済が果たしてここまで読みきったか、判断に苦しむ。

近年、とりざたされるのは、白河藩の家格昇進論である。白河の松平は、他の松平と区別するため、便宜上久松松平という。家康の実母伝通院夫人は、久松俊勝と再婚し定勝を産んだ。この定勝の三男定綱が白河藩の祖であり、このとき久松から松平に改まった。定信の兄定国は明和五年（一七六八）定静の婿養子となり、伊予松山松平を継いだ。定静と定国はともに溜詰《たまりづめ》となった。そこで同族の白河藩松平定邦は、溜詰をめざすため定信を婿養子にむかえ、家格の昇進を願った、とする説である。

安永三年、定信は白河藩主松平定邦の養子となり、田安家を去り、八丁堀にある白河藩邸上屋敷へ移った。「涙おとして」別離を悲しむ田安家と対照的に、白河藩邸は「めでたき」こととして歓迎したのである。安永五年（一七七六）、定信は一〇代将軍家治《いえはる》の日光廟参詣《びょうさんけい》にあたり、病身の松平定邦に代わって警固の任にあたったため、このとき初めて白河領に入り、領内を視察した。この年定信は元服し、定邦の娘峰子と結婚した。峰子は定信より五歳年上で、健康に恵まれなかったようで、天明元年（一七八一）二九歳で亡くなった。定信との結婚生活は、五年あまりの短期間である。峰子は和歌を好んだのであろう。定信は、妻の遺歌を集めて『懐旧集』におさめた。

二〇歳から二三歳までの定信は、日ごろの武芸に勤《いそ》しむほか、読書に明け暮れた。『宇下人言』に、

此比書物よむ事日夜のおこたりなく、人の見及たる書は——つねのたちまはる書の事也——半ばほどもよみけん。一年のうちに四百巻ほどもよみたり。温公通鑑なんど二たびくりかへしてみ侍りたり、

とある。通鑑《つうかん》は、宋の司馬光の著した歴史書『資治通鑑』で、周の威烈王から五代後周の世宗まで、千三百六十余年間の君臣の事跡を年代順に記述した書である。この『資治通鑑』の重要部分をとり出して要約したのが、宋の朱子による歴史書『通鑑綱目』である。定信は両歴史書を所蔵し、繰り返し読み味わった。定信の読書内容については、安永七年（一七七八）から同九年までの『読書功課録』に詳しい。たとえば『論語』は、二月五日より一二日まで、『中庸』は一七日に「即終」とあるように閲した日付と読了した日付を記している。この間、「一年のうち四百巻ほども読みたり」と書かれているように膨大な読書量のみならず、読む速さにも驚かされよう。定信は中国の経典・歴史書をはじめ、わが国の古典、また蘐園《けんえん》学派・陽明学派の書籍に至るまで広く読みこなした。

定信は読書に明け暮れるばかりか、著述にも熱心であった。安永年間後半に『漢書論説』、『求言

録』、『古史逸』を、天明年間初めに『国本論』、『正名考』、『修身録』、『政事録』などを著した。

『漢書論説』は、前漢の高祖より元始に至るまでの二百数十年間の史実を紀伝《きでん》体として記録した『漢書』を論評した書である。たとえば、文帝は万民饑寒《きかん》の姿を見て天下を導き、農業をすすめ、天下質素して本末転倒することがなかった、と評す。また民の安寧《あんねい》は国の根本であるが、民を虐《しいた》げてやすらかんことを思うのは、根を切り葉の茂ることを願うようなものだと言う。定信は、『漢書』に登場する天子や臣下を取り上げてその政策を批評し、君臣の政治論を展開し、またその際、学ぶべき学問のあり方を示した。

『求言録』は、四書五経や歴史書から諫言《かんげん》をぬき書きし、君主の臣下への儒教的な諫言方法を述べた書である。『古史逸』は、一人物を仮設し、そこに定信自身を投影し、民心のゆるむ泰平の世にあっては、君子の政務も怠るようになるが、このことに注意するよう自ら訓戒した書である。

天明元年（一七八一）、定信は『国本論』及び『同附録』を著した。これは定信の直筆でない。定信は肩や背が痛み、医師より読書も禁ぜられ、なにもすることがないので「側の人に口占《こうせん》して書しめ」たという。『国本論』、『同附録』は口授筆記である。定信は、君民は一体であり、民を厚くすれば君に危亡の禍いなし、と言う。『書経』の「五子之歌」にある「民惟邦本《たみこれくにのもとなり》　本固邦寧《もとかたければくにやすし》」（民は国の本である。本が固ければ国は安泰である）からの引用であろう。定信によれば、民は天の民で、天自ら民を治めることはできないから、天子をしてこれを治めさせ、天子自ら治めることができないから諸侯をもってこれを治めさせるので、諸侯による治めは則天子の命であり、天の命じたものである。そして治めるものは「徳器」を備えた人物でなければならないと言う。国・財・民は私の国・財・民でなく、皆天のものであるから、国・財・民をおろそかにすべきではない、と説く。『国本論』、『同附録』は天の民をどのように治めるか、君子の心得や方法を説いた書である。

天明二年（一七八二）、定信は『修身録』と『政事録』を著した。『修身録』は子育ての事、武芸の事、学問の事、政事の事、民百姓の事などいろいろな項目について述べている。定信自身、『修身録』を「身のおこなひ、父子夫婦の五倫の道、又は学問の事などしるし、下情《かじょう》その外政事の本」と紹介している。君臣、父子、夫婦に儒教の五常五倫の道を説くが、とりわけ学問の進向について四書五経から『史記』、『漢書』への読むべき書の道筋を示す。そして博学博識となることより実践的であるべきと説く。学問を通して民の事情を知り、民を治めるには理でなく、書をはなれ、人情時勢を基本とすべきとする。諸学に流派があるが、どの流派にも良き点、悪しき点があるという発言は、一途に盲従せず、偏狭にとらわれない定信らしい態度といえよう。『政事録』については、定信は「第一凶年のたくはへかくのごとくしてとかき、経済のみち残りなくかきしる」す、と述べている。

定信は読書と著述を通し、幕藩制における自らの政治理論や倫理観を確立し、実践的な学として儒教の必要性を知った。儒教の教説は、定信にとって、広く知識のみを求める教本とか、流行の言説でなかった。儒学を教化の学としてたて直し、儒学の実践的教化の役割を再認識したのである。そこには修身を軽んじ、やがて倫理的な価値観を崩壊へと導くような徂徠学への反発でもあった、と思われる。定信は「治国の道」への信念をいっそう強くし、田沼政治を批判し、改革へと進むのである。

天明三年（一七八三）七月、浅間山が噴火し、爆発は三日間続いた。大爆発とともに、溶岩流が火口北側から東北方向へ流れ出し、近傍の民家を倒壊させ、人畜・家屋・田畑に甚大な被害を与えた。吾妻川には堰堤《えんてい》ができ、泥流は利根川に流れ込んだ。火炎をまじえて立ち上る黒煙は、江戸にまで降灰させたという。浅間山噴火は、天明二年の全国的凶作の翌年であった。天明の飢饉は、享保の飢饉、天保の飢饉と合わせ江戸期の三大飢饉の一つである。なかでも天明三年は、四月に雨が少なく、五月から八月にかけて多雨となって河川が氾濫《はんらん》し、七月に噴火という大惨事が追い打ちをかけた。黒煙による日照時間の減少や降灰による低温などにより、関東、東北は秋になっても収穫がなかった。東北の陸奥・陸中・陸前は惨憺《さんたん》たるものであった。

こうしたなか、定信は天明三年一〇月、定邦の家督を相続し、白河藩主となった。松平越中守定信の誕生である。もっとも白河藩とて凶作のため、急ぎ救済策を講じなければならなかった。定信は、出府した白河藩家老吉村又右衛門はじめ江戸在住の家臣を集め、質素倹約を訓示し、自らその範となることを述べた。『宇下人言』に「おどろくべきにはあらず。凶には凶の備をなすぞよけれ。いでこの時に乗じて倹約質素の道を教へて磐石のかためなすべし」とあり、次いで「倹約質素はわれを手本にせよ」とある。そこで定信は、家臣領民に次のような御触書を発した。

銘々《めいめい》分限に応し奢ケ間敷《おごりがましく》無事之、常々酒給勝負事を好ミ不相応の衣類・脇差物数寄を堅く致《いたす》間《ま》敷《じく》候、百姓農業を精出し荒れたる地を少したりとも開くこと天道への勤め、神仏の助け自ら有之《これある》事《こと》に候……大守様常ニ木綿の御召物にて朝夕の御膳等一汁一《いちじゅういち》、二菜《にさい》にて御身を被為詰候て万事御守強く、御家中へも思召《おぼしめし》を御直々被仰付《おおせつけられ》候、御倹約之義ニ不限、御身の上を手本に致し相守候様被仰付候

（『白河市史』）

定信は飢饉にさいし、家臣らに質素倹約を、農民に荒地の開墾による作物の増産を命じた。白河藩とて東北諸藩と同様、「凶年にして万頃《ばんけい》一毛のたつるなし」といった状態で、「城下にたくはへし米もなし」といった有様であった。そこで米穀買入れに奔走しだした。

天明三年九月六日、松平越中守の留守居日下部武右衛門は、会津藩江戸屋敷へ赴いた。日下部は、夏以降雨が降り続いたため米不足となり、家臣や領民への手当てができず、そのため「御領内より江戸表え御廻米《かいまい》之内、白川城下ニテ申請、於此表米金之内御好次第返納仕度候、此段《このだん》何分御厚弁被下、早速御懸り御役人中へ宜被仰付被下候様、御願被申度候」（『家世実記』）と願い出た。廻米の数量については、「江戸御廻米之内六千俵御渡被下候ハヽ、於江戸十月より十二月まで六千俵、御扶持米無差支相備可申候間、御廻米と御差替被下度由相願候」とある。結局、白河藩は会津藩との交渉に成功し、会津藩の江戸廻米を一〇月上旬に千俵、一〇月中旬に二千俵、一一月と一二月に千五

百俵ずつ、合計六千俵を購入できたのである。

さらに白河藩は、越後分領から廻米《かいまい》一万俵も確保した。越後から白河への米の廻送には、会津領を通らねばならない。そこで白河藩の御使番佐治三郎左衛門が会津に出向き、凶作のためやむをえず、越後から廻送する旨を説明した。

『家世実記』に、「遠領越後表之米在所へ為差登候筈に申付候、然共《しかれども》御領分之運送差支候には、委《い》細《さい》申述候通致迷惑候ニ付、以使者運送之儀御頼得御意候、嘸《さぞ》御役人中も此節之義難被及取計義も可有之候へ共、不軽義候間厚ク御頼得御意候」とある。越後白河分領から白河へ米を廻送するにあたり、会津領内の通過の要請である。これに対し、会津藩は通過を許可し、一万俵が越後から白河へ廻送されたのである。飢饉《ききん》に際し、白河藩のみならず領内の富裕町人や百姓も、藩政に協力して米穀の確保に努めた。須賀川の郷士《ごうし》内藤氏や市原氏、鏡沼村の大庄屋《おおじょうや》常松氏らである。内藤氏は、飢饉の際に孝昌《たかまさ》が当主として活動し、父喬昌《たかまさ》はすでに隠居していた。にもかかわらず、喬昌は定信より代官加役に再任され、藩の依頼により二本松や米沢を回り、米二千俵、金二千両を調達した(『須賀川市史　近世三』)。白河藩は会津藩より江戸廻米六千俵を購入し、越後分領より一万俵を廻送し、また大坂で尾張美濃の蔵米二千俵を買い取り、飢饉に備えた。やがて貧窮状態が深刻化するにつれ、諸藩は自らの藩を守るため、他領への売り出しを禁ずる米の口留めを実施した。

しかし定信は、天明三年八月ごろまでに購入手続きを迅速に済ませ、このことが功を奏したのである。定信は自ら質素を旨とし、御触書を出して領民に質素倹約を徹底させる一方、田畑の開墾や道路改修事業を進め、飢饉をのりきった。白河藩は窮《きゅう》民に米を支給する救援策を出しており、他藩に比べれば惨害は少なかった。それでも領内に凶作による死者はみられたのであろう。定信は、「予が領国は死せるものなしといへり。されど餓死せざれども、食物あしくて死せるものはありけんかと思へば、いまも物くるし」（『宇下人言』）と述懐している。もっとも白河藩領でも、他藩と同様に農民の蜂起や打ちこわしがあったが、『宇下人言』に白河の打ちこわしの記述はない。『宇下人言』は、先学者により作為的な箇所がある、とすでに指摘されている。定信は、打ちこわしなどは自らの汚点となるため、業績自伝ともいえる『宇下人言』に入れたくなかったのであろう。

定信は、江戸や各地より食糧を購入して白河領内に配った翌年、天明四年（一七八四）六月末、藩主として白河へ赴いた。白河領への初入部である。飢饉の折、鞍覆《くらおお》いを革とし、毛槍《やり》たて・道具・台傘などをすべて省き、武備のための具足櫃《びつ》二つという、いたって質素な行装であった。入部した定信は、白河城内に霊社を建て、白河松平の祖である松平定綱を祀《まつ》った。定信は霊社建立ばかりか境内に講武場を設け、文武を奨励し、奢侈を戒しめ、殖産を説いたのである。

天明五年（一七八五）、定信は嫡母《ちゃくぼ》宝蓮院に助力を求めて田沼意次へ近づき、溜間詰《たまりのまづめ》に任ぜられた。定信は、政務について老中の相談役となったのである。定信の溜間詰は、白河藩にとって破格の就任であり、病にあった養父定邦を喜ばせたであろう。溜間《たまりのま》は登城のさいの控室で、同時に格式を示した。定信の場合、「その家の例とはなすまじき」とのことであったから、定信一代限りの就任であった。定信はやがて、会津松平、彦根井伊家のような常任をめざすのである。定信が、田沼政権下においてなぜ溜間詰に昇進しようとしたか、かれの意見書（封事《ふうじ》）からわかる。定信は、少年のころより治国の信念をいだき、溜間詰となって忠義にして善良な老中と協力し、田沼意次を糾弾するためであった。溜間詰は、田沼政治を打倒する近道であったのであろう。定信は意次を「盗賊同前（然）の主殿頭《とのものかみ》」と疾呼《しっこ》し、意次を刺殺しようと二度まで思ったが、これは天への不忠と考え思いとどまった。定信は権門や大奥のみならず、幕府出入りの医者や学者らにも金銀賄賂《わいろ》を受け取ることは禁止すべきと考えていた。

定信は、天明期頃から本田忠籌《ただかず》・戸田氏教《うじのり》・松平信明ら、多くの大名と接した。諸大名は、定信と藩政の改革や忠孝文武などを話し合い、なかでも天明六年（一七八六）六月に出された貸付会所の設立に疑念を呈した。貸付会所令は、幕府が貸付会所を大坂に設け、全国の百姓・町人・寺社に御用金を命じ、これに幕府の出金を加え、土地を担保に諸大名に貸付けるものであった。諸大名は、田沼時代に生じた貧農民の一揆、打ちこわしを危惧し、かつ幕府の藩政への関与を憂慮し、定信をまじえて貸付会所令に反対した。その結果、天明六年八月に貸付会所令は撤回されたのである。

意次の老中罷免が天明六年八月、定信の老中首座拝命が翌年六月で、この間のほぼ十か月は、田沼派と定信擁立派との政治的葛藤《かっとう》の時期であった。定信の老中就任を推し進めたのは、御三家と一橋治済《はるさだ》である。治済は将軍家斉の父であるから、家斉へ上申した定信の意見書も読んでいた、と考えられる。治済と御三家とのやり取りは、『水戸家文書』に詳しく、すでに多くの先学者により引用されている。天明六年一〇月、治済は御三家のひとり水戸の徳川治保《はるもり》に次のような書簡を送った。

近年、世上の風儀は乱れ、実義を失い、利欲のみが横行している。役人とて廉直《れんちょく》の風がなく、権威にへつらい、賄賂を贈る有様《ありさま》でなんとも嘆かわしい。先頃、一両輩（意次）を退役させたものの、家治がすぐ逝去してしまい、事態は急をつげる。万端を立直し、悪風を改め、若年の上様（家斉）を補佐するため、「実義器量《じつぎきりょう》之者先一人」を老中に加え、享保の仁政に立ち返り、万民を安堵《あんど》させたいという趣旨であった（菊池謙二郎「松平定信入閣事情」）。

書簡を読んだ水戸の徳川治保は、尾張・紀伊の徳川家と相談し、御三家に異議なしと返答した。そこで治済は、「実義器量之者」として筆頭に松平定信を、ついで酒井忠貫《ただつら》、戸田氏教をあげ、さらに若年寄に稲垣定計《さだかず》と本田忠籌《ただかず》を推薦し、閏一〇月六日尾・水両家へ書簡をおくった。

そのさい定信について、「殊《こと》ニ初筆之者ハ（定信）、前々より面談も仕、別而委敷《べっしてくわしく》心立も存罷在《ぞんじまかりあり》候間、相答可申哉と奉存候」と書き加えた。御三家は頻繁に会って話し合い、尾・水両家は、閏一〇月一六日、推薦された三人中、「初筆之人物ハ（定信）、拙者共ニ茂兼々《もかねがね》宜敷人物之由及承《うけたまわりおよび》中候」と、定信の老中推薦に賛同する旨を伝えた。このとき御三家は、定信の評価が大名の間でも、世間でも高いことを知っていたし、また財政難のため、定信と同様に藩政の改革にも深い関心をもっていた。

こうして一橋治済の考えは御三家の賛同をえ、一二月、大老井伊直幸《なおゆき》、老中水野忠友らに定信の老中就任推薦状を提出した。しかし、将軍の継嗣問題に対処する家柄である御三家の推薦であったにもかかわらず、田沼派の老中らにより拒否されてしまったのである。

拒否した者について、大奥の老女大崎は次のように伝えている。天明七年（一七八七）二月一日、市ケ谷の尾張邸を訪れた大崎は、老中水野忠友が定信推挙に反対したばかりか、将軍家斉から意見を求められた大奥の老女高岳《たかだけ》、滝川らも反対したと言う。その理由は、九代将軍家重のときに「御身近く御縁有之者　御役儀《おやくぎ》ハ被仰付間敷《おおせつけられまじき》」、つまり「将軍家の縁者は幕政に参与せしむべからず」との上意を盾にとってのことであった。定信のみならず将軍家治の養女となった定信の妹種姫も、将軍家の縁者と解されたのである。

これに対し、御三家は「御縁《ごえん》有之候者と之儀ハ御外戚《ごがいせき》の儀」、つまり母方親類筋と制限し、定信は外戚にあたらない、と老女大崎に返答した。しかし二月二八日、老中は先の家重のときの上意に固守し、定信不採用の旨を正式に知らせたのである。このとき定信の老中就任に反対したのは、天明七年の「大崎申聞候次第」（『水戸家史書』）から、御側御用取次《おそばごようとりつぎ》の本郷泰行《やすあき》、横田準松《のりとし》らであったとわかる（菊池謙二郎前掲論文、竹内誠「寛政改革」、藤田覚『松平定信』）。本郷泰行と横田準松が罷免《ひめん》されたのは、天明七年五月二四日と同月二九日である。これは、天明の打ちこわしの日付と重なるところから、この騒擾《そうじょう》の政治的責任を負い、両側衆は解任され、同時に、少々誇張した表現だが、定信を天明の打ちこわしにより誕生した老中とみる説が多い。

第五章　老中首座・寛政の改革

一、改革の政綱

宝暦から天明期にかけて、多くの騒擾《そうじょう》がみられた。重税に苦しみ、農民が徒党を組んで蜂起し、領主、代官らに反抗した百姓一揆である。それに対し、都市の打ちこわしは、生活困窮者による騒擾であった。役人の不正、苛斂誅求《かれんちゅうきゅう》などいろいろな原因が考えられるが、なかでも米価高騰は最大の原因であった。打ちこわしは一揆と比べると統一性がなく、一触即発の面があった。いったん蜂起すると、商品や家財はもちろんのこと、ときには建物まで打ちこわす激しい闘争となった。大打ちこわしは、すでに享保一八年（一七三三）にみられた。これは、西日本でおこった飢饉のため江戸で米不足となり、幕府と癒着《ゆちゃく》した米商高間伝兵衛店が襲われた事件である。上層・下層町人のまだ対立激化しない、どちらかと言えば町ぐるみの騒擾であった。しかし天明七年（一七八七）、江戸でおこった大規模な打ちこわしは、上層町人と対立した下層町人らによる騒擾で、この点、

「世なおし」と呼ばれて激化した慶応二年（一八六六）の打ちこわしの先鞭《せんべん》と言えるかもしれない。天明の打ちこわしは、天明二年より同七年にいたる大飢饉を背景に、同六年の凶作による米価騰貴《とうき》が原因であった。天明七年、大坂での米問屋の襲撃をかわきりに、京・堺・和歌山・駿府・西宮・広島・博多・長崎などの主要都市でほぼ時を同じくして騒乱となった。打ちこわし件数は、一ヶ月に三〇件余といわれ、江戸時代最大の発生数である。

江戸の打ちこわしはもっとも激しく、本格的な蜂起は五月二〇日、本所や深川ではじまり、日を追って京橋・日本橋・赤坂・両国など、江戸の各地へ飛び火した。二四日ごろ終息したが、品川から千住までの米屋や富裕商人宅が、髪結《かみゆい》渡世、左官渡世、棒手振《ぼてぶり》など、店借の下層民によって打ちこわされた。まさに江戸市中全域の騒擾であり、幕政の中心である江戸が、一時期秩序なき状態になったのである。江戸の打ちこわしは、田沼政治に反旗を翻して蜂起した騒擾ではなかったが、最終的に田沼派を追いつめる結果となった。田沼派の本郷泰行《やすあき》、横田準松《のりとし》の罷免《ひめん》は、江戸の打ちこわしに直接的な原因があり、その惹起《じゃっき》の責任をとらされたのである。この一種劇的な政治体制の変革は、よく引用される杉田玄白の言葉からもわかろう。「若此《もし》度の騒動なくば、御政事は改るまじきなど申人も侍りき」（『後見草《のちみぐさ》』）、つまり打ちこわしがなかったなら、田沼政治の変革などなかったであろうというのである。

田沼派の側衆《そばしゅう》一掃は、定信の老中誕生への道を開いた。天明七年（一七八七）六月一九日、定信は老中首座となり、「御艱難《かんなん》の御時節にて、人の臣たるもの、心力を可尽《つくすべき》の期なりければ、いまさら辞し可申《もうすべき》も、臣節《しんせつ》をうしなひたるとやいふべきと思惟しければ、まづ御うけを申し上げぬ」と自らの胸中を述べている。このとき定信は三〇歳、無役から老中へ、しかも首座である。老中就任の年齢には若すぎるし、かつ先任順の首座就任の点でも、これは一種特殊な人事であった。老中首座となった二日後の六月二一日、定信は老中の会議にて政策の基本方針を発表した。

金穀之柄《へい》上に帰し候事、並にその職々の御人を精撰あらるべき事、賄賂《わいろ》遏絶《あっぜつ》の事

（『宇下人言』）

定信の述べた三点は、第一に特権的な富裕商人から財政の実権を幕府側に戻して掌握すること、第二にすぐれた人材を選び出すこと、第三に賄賂を絶つことであり、まずこれらにとり組み、田沼政治の重商政策から生まれた危機を打破することであった。幕府の財政は、天明三年（一七八三）より収入が減り、支出が超過して窮乏状態であった。定信はこの月（六月）、同志の加納久周を側用取次の上座へ、その後、無役の本多忠籌《ただかず》をいきなり若年寄に登用した。

田沼派の側衆が罷免《ひめん》されたとはいえ、定信の周辺にはまだ田沼派の残党がいた。水野忠友《ただとも》、牧野貞長《さだなが》、松平康福《やすよし》といった老中の面々である。水野出羽守忠友は若年寄、側用人、老中格、そして天明五年（一七八五）に老中となり、また加増されて駿河沼津三万石の大名となり、意次に忠義をつくして勤めた。牧野越中守貞長は、常陸笠間八万石の大名で、奏者番《そうじゃばん》、寺社奉行、大坂城代、京都

所司代を経、天明四年に老中となった。松平康福は宝暦一二年（一七六二）に老中となり、老中在任期間は長期に達した。みな意次の権勢のもとで登用された人物である。こうした状況下では、政綱《せいこう》を発表したとはいえ、思いどおりに遂行できず、かといって老中を簡単に解任することもできなかった。

天明八年（一七八八）三月四日、定信は一橋治済と紀伊・尾張・水戸の御三家の協力のもと、将軍補佐役となった。前年一一代将軍となった家斉は、このとき一五歳の若者であった。定信自身は、大老になることを望んでいたであろうが、入閣してから日が浅く大老の代替えとしての将軍補佐であった。

水野忠友は天明八年三月に、松平慶福は同年四月に、牧野貞長はすこし遅れて寛政二年（一七九〇）二月に老中を解任された。新たに老中に就任したのは、

天明八年四月　松平信明《のぶあきら》
寛政元年四月　松平乗完《のりさだ》
同二年二月　本多忠籌
同二年一一月　戸田氏教《うじのり》

であった。みな定信と刎頸《ふんけい》の交わりをした中小譜代大名らである。

松平信明は三河吉田藩主で、家中より老中を輩出した名門の譜代大名であり、天明四年（一七八四）奏者番となって老中への道を踏みだした。ついで、側用人を経、天明八年老中となり、定信と

ともに寛政の改革を進め、定信をして才知・才能のするどき人物と言わしめた。享和三年（一八〇三）に辞職するも、文化三年に再任され老中首座となった。松平乗完は三河西尾藩主で、奏者番、寺社奉行、京都所司代を経、寛政元年老中となった。比較的お決まりの出世コースを踏まえたといえる。定信と乗完との親交は、乗完の老中就任後と思われる。乗完は、蘐園《けんえん》学派の流れをくむが、定信よりその能力を評価された。和歌を善くし、定信と文事の話し相手ともなった。しかし定信と少し距離をおいた人物のようである。寛政二年（一七九〇）、四二歳で死亡した。

本多忠籌は陸奥泉藩主で、天明七年若年寄に登用されて勝手掛を担当し、ついで側用人となった。寛政二年、五千石を加増されて城主格となり、さらに定信に抜擢されて老中格となった。定信と膝を交えて政治や人道について話しあう仲で、定信と同じように質素倹約を常としたという。定信は、ここぞというときに金銭や米を投じる「名誉の人なり」と称賛している。「勇偉高邁《こうまい》」なる忠籌との親交は厚く、定信をして「予多く交れども忠籌朝臣のごとき人はなしといふべきほど也」といわしめるほど両人は格別な関係にあった。忠籌が老中格であったのは、禄高が一万五千石のためである。当時、老中就任はおよそ三万石以上の譜代大名とされていた。

戸田氏教は美濃大垣藩主で、奏者番、寺社奉行をへて、寛政二年二月、つまり本多忠籌の後任として側用人となり、数か月後に老中となった。寛政の改革では抑商政策をだし、定信は、「弁才もあり、よく物にかんにんするの性」ありと言う。このほか越後長岡藩主牧野忠精《ただきよ》は天明七年に寺社奉行に、備中松山藩主板倉勝政は天明八年に寺社奉行に、柳生久通は勘定奉行に抜擢された。定信は、久通を人にへつらわない人物とみていた。こうした事情をあげれば、人事一新は老中職にとどまらず、若年寄や三奉行にまで及び、「職々の御人を精撰あらるべき事」をなしたといえよう。民衆の信頼をえた定信は、賞罰を厳正にし、法令を遵守し、天明七年一〇月意次を追罰した。五月の打ちこわしの責任を意次におわせ、公儀の復権をめざすためであった、と思われる。その結果、意次は諸領三万七千石を召しあげられ、隠退蟄居を命じられたのである。

二、農業政策

都市が勃興して貨幣経済がすすむと、商業活動は著しくなり、商品流通が重要となった。各地の特産物は、領域の物品でありながら、同時に全国的な流通商品となっていった。田沼の時代は農村での商品生産を発展させたが、すべての農民が豊かになったわけではなかった。農村では、豪農と貧農という分化が拡大し、本百姓の経営を破壊した。こうした傾向は、飢饉により一層拍車をかけた。激しい騒動が頻繁に起こり、遊民が発生し、貧農の都市への流出という事態を引き起こした。農村の人口は減少し、農地は「手余り地」となって耕作されずに放置された。まさに農村の荒廃である。本百姓の経営を維持することこそ、幕藩領主にとって年貢徴収の基盤であったから、農業政策の改革は刻下の急務であった。つまり、勧農政策による米穀生産の拡大が必要となる。

定信は、農村の人口減少が農業の基本的な規律を乱すと認識していた。定信は、「天明午のとし

（天明六年）、諸国人別改られしにまへ之子之とし（安永九年）よりは諸国にて百四十万人減じぬ。この減じたる人みな死うせしにはあらず、只帳外となり、又は出家山伏となり、又は無宿となり、又は江戸へ出て人別にもいらずさまよひありく徒とは成りにける。七年之間に百四十万人の減じたるは、紀綱《きこう》くづれしがかく計り之わざわひと成り侍るてふ事は、何ともおそろしともいふもおろかなり」（『宇下人言』）という。安永九年（一七八〇）の諸国人別改めと比べると、天明六年（一七八六）は百四十万人の農業人口の減少なのである。そこで農民を保護し、農村を再興する必要がある。これこそ領主財政の基本でもある。とりわけ幕府が力を注いだのは、荒廃農村をかかえた関東、東北の各地方であった。

寛政二年（一七九〇）一一月、定信は御三家の同意を得、旧里帰農奨励令をだした。帰農奨励令は寛政三年、同五年にも公布された。帰農により農村の人口を増やし、農民を農地に結びつけて荒地を耕作させ、生産を回復させるためであった。同時に江戸の遊民を減らす効果もあった。帰農令は旧里への旅費や農具代の支給、手余り地のあるところでは田畑の授与までうたったにもかかわらず、幕府が思ったほどの成果をあげられなかった。帰農策は幕府にとってみれば、財政を安定するための勧農政策であるから、できるだけ農民を保護しつつ労働力を増やす必要がある。すると具体策として種代の拝借金を貸し付けたり、間引きを禁じたり、赤子の養育費を支給したり、農業従事者の確保のため他国出稼ぎを制限したりすることは、当然の方策となってくる。幕府は農村の人口増や荒地耕作のため、公金を富裕農民に貸し付け、その利子を農村の復興に振りむけた。本百姓経営を助ける財政支援である。「荒地起返並小児養育御手当御貸付金」というが、この政策を具体的に担当したのは、諸国の代官であった。代官を通し農村へ直接貸し付けたのである。

寛政の改革では代官所の改革が進められ、多くの郡代・代官・手代が、公金の不正な貸付などにより交替させられた。そして能力のある人物が代官に登用され、現地に赴いて直接農村を支配し、さらに村政を徹底させるため、数か村から二十か村の単位で惣代《そうだい》が選出され、新任の惣代は幕府の認可を受けさせた（『御触書天保集成』、『牧民金鑑』）。

名代官が輩出したのもこの時期である。常陸の代官岡田寒泉《かんせん》・真岡の代官竹垣直温《なおひろ》らであり、福島県にかかわる寺西封元《たかもと》も、そうした一人であった。

寛延二年（一七四九）、芸州浅野家に仕える下級武士の子として生まれた寺西封元は、寛政四年（一七九二）、陸奥塙《はなわ》代官に登用された。白川郡塙領は、享保一四年、棚倉藩主太田資晴《すけはる》の所替えにより、白川郡六七か村、菊田郡、常陸国多賀郡など合わせて五万石余の幕府直轄地であった。塙代官所に着任した寺西は、荒地起返《おきかえ》しは言うに及ばす、人口増をはかるため間引きを禁じ、赤子養育費や子育手当金を支給し、天明飢饉《ききん》以後の農村の復興に努力した。寺西は幕府から五千両を借り受け、近隣の大名や私領の農民に年利一割で貸し付け、その利子をもって農民救済資金としたのである。荒地起返しに関しては、起返し一か年作り取りとし、翌年から上納の三分の二を免じたり、半免とするなどの工夫をこらし、耕作できる田畑に復帰させるよう努めた。寺西は寛政五年「寺西八ヶ条」を出し、文化八年（一八一一）、近隣諸藩へも「御料私領申合民風御改正申渡書」と「寺西十禁の制」を告示した。農民の農業出精・奢侈《しゃし》の禁止・新規商売の差し止めなど、また十禁に博奕の禁・絹布着用の禁などの条をあげ、塙領内のみならず近隣諸藩の村々に対し農民の取り締まりと教化をはかった（『塙町史　第一巻』）。寺西はこのほか、人口を増やすため『子孫繁昌《はんじょう》手引草』を著して各村に配布し、間引きや堕胎がいかに人道にかけはなれているかを説いた。この著作は好評で、会津大沼郡の慈善家五十嵐富安により善書として再版されている。文化一一年（一八一四）、寺西は桑折代官所へ移り、塙・小名浜・桑折《こうり》・川俣《かわまた》の幕領一四万石を支配した。文政一〇年（一八二七）、寺西は七九歳で桑折で没するが、ほぼ三五年間代官職を務めた。幕府は多くの代官を交代させ、手代に任せず代官自身を農政に直接かかわらせ、また備荒策や村入用の減額などにより農村の復興に努めたのである。

定信の農政思想は、きわめて儒教的で「貴金賤穀《ききんせんこく》の風」を改めることであった。「米をいやしみ金を尊み、日夜目先の事のみ思」う風潮を憂えたからである。定信は『物価論』で、「多波粉《たばこ》を造り、又はこがひし、又藍《あい》紅花など作りなんどして、地力を無用に尽し、常に労なくして金を多く得る事を好むによりて、米は弥《いよいよ》少なくなりぬ」という。米が少なくなった原因は、煙草《たばこ》・藍・紅花などの換金作物を熱心に栽培したためである。換金作物を栽培する農民は、利益を追求する町人と同じで、「利を以て導き候得ば利を以て従」い、利のみに走ることは自然の摂理なのである。だから煙草や紅花のような換金作物は、幕府の規制対象とされた。定信にとって農政の中心は、あくまでも米などの穀物生産であった。寛政三年（一七九一）、穀物生産を全国的に奨励した。とはいっても、菜種や綿種といった作物栽培は、すでにおこなわれており、かつ灯油や衣服という生活に必須な原料作物であるところから、例外の商品生産として認めざるを得なかったのである（『御触書天保集成』）。

備荒《びこう》政策も天災・飢饉から農業経営を守り、本百姓経営を堅持するための方策であった。平素より穀物などを蓄えておく備荒政策は、なにも天明の飢饉によって考え出された概念でない。すでに享保改革のとき、上米《あげまい》の制があった。これは大名から一万石につき百石ずつ献上米を提出させ、そのかわり参勤交代の江戸での滞在期間を半年に縮めるというものである。幕府の財政を補うための導入であったことは言うまでもなかろう。定信は、この制度をとり入れたのである。

幕府は自ら蓄米を図るとともに、寛政元年（一七八九）、収納倉庫である郷蔵《ごうぐら》を直轄領に建て、米・麦・雑穀を貯蔵するよう命じた。この蓄穀を囲米《かこいまい》と言う。飢饉救済のための穀物は、凶荒のさいに貸し与えられ、年賦償還させた。定信は、「御領村々に夫食《ふじき》米、雑穀かこひ置侍り候はゞ、十分の一つは上よりも給はるべしと触れたりけり」と言うから、幕府も郷蔵へ十分の一の補助をしていた。諸藩においても同様で、寛政二年（一七九〇）、諸大名に一万石につき五十石の割合で五年間、毎年囲籾《かこいもみ》するように命じた。一万石以下の旗本にも、各自知行地において囲籾を奨励したのである。諸藩では、江戸前期から村民や富農が出穀貯蔵した社倉《しゃそう》・義倉《ぎそう》があり、これらと同じ役割を担う郷蔵が加わった。白河藩では、定信が藩主となって以来、郷蔵の充実がみられ、会津藩では、社倉・義倉とあわせて郷蔵の利用がはかられた。江戸後期に起こった郷蔵の制度は、寛政期より幕末に至るまで維持されたのである。

囲米による窮民救済政策は、農村のみならず都市でも推し進められた。農村での郷蔵による囲米に対し、都市では七分積金《しちぶつみきん》による町会所の囲米である。江戸では町の運営を可能にさせるため、公共に必要な経費を地主が負担する制度があった。治安・防火・祭礼・普請などの費用が、町の経費として支払われた。費目は、町自体が大きくなればなるほど増大した。こうした経費を町入用《まちにゅうよう》といった。幕府は当初、地主の負担率の公定に注意を払ったが、寛政期には町の経費の節減に、つまり町入用総額の減額に関心を向けたのである。

寛政二年（一七九〇）、幕府は江戸の町々に町入用を書きださせてその実態調査を行い、消防費・祭礼費の節約、事務の簡素化、人員の削減など町入用の減額案をまとめた。定信は勘定奉行、町奉行らと減額案を検討し、町入用減額高のうち十分の七、つまり七〇％を積み立て、窮民救済資金とした。定信は七分積金について、

その（町入用）減じたるうち之七分は、町々永続かこひ籾《もみ》つみ金之料として、年年のけをかれ、上よりも御金壹万両町々へ被下、これまたつみ金とともにかし付、或は籾をかい納め、または鰥《かん》寡《か》孤独なんど之よるべなきもの、又は火にあふて家たつべき力なき地主なんどへ被下料に被仰出。猶《なお》のこる三分のうち、一分は町入用のましに被下、二分は地主へ被下。

（『宇下人言』）

という。結局、町入用減額の七〇%を備荒貯蓄として積立てさせ、窮民救済のための手当とした。積金は囲籾のためだけでなく、貸付金としても流用された。なお町入用減額のうち、一〇%を不時の出費として補充し、二〇%を地主にもどし負担を軽減した。寛政三年（一七九一）、七分積金令が敷かれ、寛政四年、浅草向柳原に町会所や米蔵が造られた。積立金の取り扱いを命じられたのは勘定所御用達《ごようたし》町人で、三谷三九郎ら一〇人の豪商によって運営された。寛政四年と同一一年（一七九九）、幕府は一万両を下賜し、積金を加増させた。とはいえ町会所は勘定方や町方役人でなく、基本的には町人らによる運営会所であった。七分積金は窮民救済や低利融資に役立ち、町会所がにぎわったことは言うまでもない。定信は、『宇下人言』に、「老て子なく、妻夫なき類、いとけなくしてたよるかたなきものなんど、いひ出たらば渡し可《つかわすべし》通とてふれければ、一日に二十人、三十人、今にたへず出侍りぬ」と言っている。町会所は、その後も熱心に窮民救済を行い、文政四年（一八二一）、風邪流行により窮民二九万七千人へ施銭し、天保二年から八年の間に、米の高騰や風邪流行などにより数十万の窮民に囲米や積金を放出した。寛政四年設立の町会所は、その役割を果たしつつ、幕末まで存続したのである。

七分積金による窮民救済ばかりでなく、貧民層自体の更生策も練られた。寛政二年、火付盗賊改《あらため》長谷川平蔵の発案により、江戸石川島に人足寄場《にんそくよせば》が設けられた。増えつづける都市の無宿浮浪人や軽罪の者が、ここに強制的に収容された。江戸の打ちこわしの再発を防止するという治安対策であり、同時に授産所の役割もあった。収容人は人夫として働かされ、油絞りや牡蠣《かき》殻灰《がらばい》作りなどの作業をして賃金を得た。また収容人の更生のため、中沢道二の心学道話が講義された。職人の技術を身につけたり、銭三貫文をためたり、身元引きうけ人のある者は、釈放されて社会復帰したのである。

三、商業政策

定信は農政のほか、商業政策を重視した。「金穀之柄《へい》は商家に帰して」いたものを「上に帰」すことであった。「上」とは幕藩領主である。とりわけ弱体化したのは、旗本・御家人であった。旗本・御家人の知行は、領地を与えられて農民から年貢を取りたてる地方《じがた》知行であった。しかし領地のない旗本・御家人は、浅草にある幕府の御米蔵より俸禄《ほうろく》米を支給された。これを蔵米取《くらまいとり》といい、切米《きりまい》取《とり》と扶持米取《ふちまいとり》に分かれた。切米取は知行高を俵数で示し、一カ年の俸禄米は春四分の一、夏四分の一、冬二分の一に分割して支給された。扶持米取は、何人扶持と数えられ、一人扶持一日五合の割合で毎月支給され、そのため月俸ともいった。多くの旗本・御家人は蔵米取で、かれらは俸禄米を受け取り、幕府公示の御張紙値段にしたがって、市中の米問屋に売って現金とした。ここに介在したのが札差《ふださし》である。

札差は旗本・御家人の俸禄米を受領して委託販売し、また予定の俸禄米を担保とし高利貸付業を営んだ。やがて貸付業を独占しようと株仲間を結成し、享保九年（一七二四）、札差株仲間は認可された。百九人による蔵米取の旗本・御家人に対する金融の独占である。札差業は、旗本・御家人の札を蔵役所に提出して蔵米を受けとり、売却する業であり、明和から天明期にもっとも繁栄した。蔵米を受け取る際の手数料を札差料というが、蔵米百俵につき金一歩《ぶ》であった。そして米問屋に売却する際の手数料を売側《うりかわ》といい、百俵につき金二歩であった。したがって札差が百俵を受領し売却をしても、手数料の合計は金三歩であり、それほど大した金額ではなかった。

一方、札差が蔵米を担保にして旗本・御家人に貸金する際、その年利は株仲間結成当初、一五％までと定められた。しかし現実には、それ以上の年利であったところから、札差は一八％あまりに引き上げるよう要望した。結局、町奉行所は実情をかんがみ、少々の上げ幅について、「少々の儀は借り主と相対《あいたい》次第に仕るべき由」、つまり札差と旗本の相対次第《あいたいしだい》として、その上げ率を黙認したのである。これが貸金の公定利率であった。しかし札差は、公定利率に従わず、高利を得る手段をもった。奥印金《おくいんきん》である。これは旗本らが借金を申し込んだとき、貸すべき資金が不足していることを理由に、架空の金主《きんぬし》をつくり、札差が旗本と金主の保証人となり、借金証文に奥印を押すのである。架空の金主を介在させることにより、札差は公定利率にしばられず、思いどおりの高利を得るばかりか、礼金もとることができた。もっとも巧妙な不正利殖であるから、町奉行所の取り締まり対象とされた。

田沼の時代に繁栄した札差業は、商品貨幣経済が急速に発展するなか、単に高利貸商人という以上に、江戸の大富裕商人であった。「十八大通《だいつう》」で知られる通人は——一八とは必ずしも一八人に限定される人数でないが——その多くが札差である。札差のほか魚問屋や吉原遊女屋の主人、また蘭学者の桂川甫周や国学者の村田春海も通人に挙げられている。弘化三年の『十八大通　一名御蔵前《おくらまえ》馬鹿《ばか》物語』に大通の特性として、「元禄の比《ころ》の異風残り、分《わき》て其中に蔵前者は何れも男伊達の風儀残り」とある。蔵前者とは、浅草蔵前近辺に店を構えていた札差のことで、元禄の遺風と男伊達《だて》を旨としたのである。さらに「洒落《しゃれ》」や「思い付き」もその特性として挙げている。大通は髪形を本《ほん》多髷《だまげ》とし、大黒紋の小袖を着、鮫鞘《さめざや》の一刀を差し、まっすぐに木目の通った下駄《げた》をはき、手を左右に大きく振り、ももを高く上げて八の字に歩いた。こうした役者気どりの振る舞いを蔵前風といったが、市川団十郎の演じた当たり役の一つ、助六をまねた所作であった。

　札差が繁栄し、大通が金に糸目をつけずに奢侈《しゃし》に浸ることができたのは、裏をかえせば、旗本・御家人の借金がかさんだことである。旗本・御家人のなかには、賭博《とばく》や淫風《いんぷう》に身をやつし、武士たる風儀をなくす者もいた。経済力をつけた札差はやがて、「御家人などをもあしざまにもてなし」、また出向いた旗本にも「蔵宿のぬしは出ず、手代など出してあしざまにあしら」う、といった有様《ありさま》であった。そればかりか歌舞伎役者をまねた十八大通の風体は、だらしなく乱れ、定信をして「失礼尊大の様子不届きの至り」と言わしめるほどであった。

　そこで寛政の改革では、札差の改革が求められ、定信が将軍補佐となったころから、札差仕法改正策が検討された。幕府は天明八年から翌年にかけ、勘定所御用達として、新たに江戸の富裕商人一〇人を登用した。富裕商人といっても米穀商と札差を除いたのである。

幕府は、明和七年（一七七〇）、三百万両ほどあった御金蔵《ごきんぞう》の備金が、天明八年には八一万両に激減するという財政悪化のなかで、豪商の金融資金を利用せざるを得なかった。したがって、田沼の時代の重商政策でみられたような特定の富裕商人と結びついた商業金融形式が、寛政の改革でもかたちを変えて継承されたといえる。

米価と諸物価を安定させるために採用された勘定所御用達は、旧来の米穀商や札差でなく、大名貸などで財力をつけた有力な両替商らであった。かれらは江戸に居住する豪商であり、たとえ店が江戸にあっても、家居を上方とする商人は、勘定所御用達に登用されなかった。これには、大坂市場に依存していた江戸の商業市場を引きあげ、江戸の市場を統制しようとする狙いもあった。勘定所御用達は、後述する猿屋町会所の出資や運営を担い、幕末に至るまで幕府の金融政策に参画したのである。

札差を特権的な地位から決定的に引きずりおろしたのは、棄捐令《きえんれい》であった。定信は旗本・御家人の窮乏を救おうと、寛政元年（一七八九）初めころから、棄捐令の具体的な内容に着手した。定信と勘定奉行久世広民《ひろたみ》との間には、札差の債権処理や利子の引き下げなどについて意見の相違があったものの、町年寄樽屋与左衛門が参画して仕法改革案へ助言や提案をし、棄捐令はまとめあげられた。札差が多額の損害を被れば、店を閉ざしたり、旗本への再融資を拒否してしまうに違いない。これでは直参を救おうと出した棄捐令により、かえって旗本らの生活を苦しめる結果となってしまう。そこで久世は、棄捐令発布後の札差を助けるため、公金を貸し付ける案や、札差への資金貸付機関となる会所の設立を定信に提案した。新たな会所案は、出資者を江戸・京・大坂の豪商とし、経営のよい商人に運営を任せ、出資金を年利一割で札差に貸し、その利益の配分や役割まで考えた案であった（北原進「寛政の棄捐令について」『論集日本歴史八』）。定信、久世、樽屋の意見を踏まえ、寛政元年九月、棄捐令が発布された。御触書、町奉行から札差に申し渡された書面、樽屋からの書面により、棄捐令の骨子をまとめると、

一、天明四年以前における札差からの借金は、理由のいかんを問わず棄捐（破棄）する

一、天明五年四月から寛政元年までの借金は、元金、利子とも年利六％に下げ、年賦返済とする

一、寛政元年以後の利子は、年利一二％に引き下げる

というものである。棄捐令が出されるや、江戸中大さわぎとなり、「上へ下へと相返し有難がり悦び候よし」という有様《ありさま》であった。旗本・御家人が、「夢ではないかと小おどり」して喜んだことは言うまでもなかろう。

一方、札差は突然の棄捐令に驚き、株仲間の一致協力のもと旗本らへの金融を拒絶した。八八人の札差の債権損失額は、一一八万両余に上った。棄捐額は、伊勢屋四郎右衛門の八万三千両を最高とし、単純計算すれば、一人平均一万三千両余りとなる。久世広民《ひろたみ》が提案した札差経営のための資金貸付会所は、寛政二年、浅草猿屋町《さるやちょう》に猿屋町会所として具現された。しかし、久世が提案した江戸・京・大坂の豪商による出資者は、江戸在住の富裕商人に変えられた。会所貸出金規矩《きく》の制定、

町会所の普請、さらに町年寄樽屋与左衛門が任に就くことにより、猿屋町会所の運営は動き始めた。勘定所御用達の一〇人が、会所の貸出金を出資し、経営不振の札差を吟味した上で、彼らに資金を貸し付けた。つまり会所の貸し付けは、棄捐令により米価を支配できなくなった札差へのいたわり策であった、といえる。しかし、札差が不足資金を借りる際、仲間の連帯保証を必要とし、かつ借り手の旗本の氏名や役職などを詳述しなければならなかったから、札差にとって会所は必ずしも簡便な機関ではなかった。

猿屋町会所は、棄捐令をはじめ、札差米売方仲間の解散、さらに米問屋の米相場への参入許可により、米仲買の性格をなくした札差の経営を援助したわけだが、同時に札差の監視機関ともなった。さらに豪商の蓄積した貨幣を流通させる役割もあった。定信は棄捐令により幕臣の財政を立て直し、幕藩制の秩序と護持を目指したのである。

四、奢侈と倹約

寛政の改革のさなか、定信の当初の関心事は、高騰した米価を引き下げることであった。幕府は寛政年間初めに米価の安定に成功したものの、寛政二年（一七九〇）には米価の低落がみられた。米価は諸物価を決める基本であるから、諸物価も安定するはずであった。しかし、諸物価は引き下がらなかったのである。

こうした状況下、定信は「山下幸内上書《こうないじょうしょ》」に接し、寛政元年末ごろ『物価論』を著した。「山下幸内上書」とは、八代将軍吉宗に提出した山下の意見書である。山下はこの上書で「将軍様御始末被遊、金銀御溜め被遊候へは、一天下之万民皆々困窮《こんきゅう》仕候」とか、「金銀箔類御停止、さて又子供手遊の大人形雛の道具等、結構なるものの類《たぐい》御停止被遊趣、乍恐《おそれながら》御器量せまく、則日本衰微《すいび》の元にて御坐候」などと言う。こうした発言をみても、山下は控え目な発言をとりつつも、緊縮政策による支出抑制、倹約による消費抑制に批判的であったと分かる。山下は奢侈《しゃし》について、「奢《おごり》と申ものは、下を困《くるし》め上たるものゝ婬逸遊興《よういつゆうきょう》を悉《ことごと》く仕るを奢とは申候、金銀沢山に持たるものの高値に成ものを調候を奢とは不申候」という。つまり奢侈とは、下を困らせるような戯《たわむ》れや酒宴に興じての遊楽で、高価なものを買い求めることとは違う。山下は、吉宗の奢侈禁止に反対で、金銀を放出し消費の拡大策を説いたといえよう。

定信は、自らの政策と異なる「山下幸内上書」を借りだし、幕閣の松平信明、松平乗完、本多忠籌に回覧して意見を求めた。本多忠籌は前者の二人に比べ、ながい返事をおくった。忠籌は金銀を放出する策にも一理あるが、「只今《ただいま》は時節はやきかとも奉存候」という。さらに「天職は天の徳に則り被行候事と奉存候へば、金銀は何程《いかほど》つかひ候ても地より生じ候と申は、一端聞えたる大量、快然の至に候へ共、日本の内ばかり廻りては居不申、制度なき時は国虚《むな》し、民困《くるし》めバ却て天心に被違候哉と愚考《ぐこう》仕候」と答え、山下の消費拡大策に否定的であった。

定信は「山下幸内上書」を踏まえて、『物価論』を著した。たいへん興味深い著作で、諸物価高騰の原因とその処理策を述べている。定信はこの書の最初に、「近年物価は何故に高くなり候哉、近年諸運上多くなり候間、物価高くなり候と申候か、弥《いよいよ》左様に候哉」と自ら問題提起し、「成程《なるほど》左様なる事も可有之候」と自答している。つまり物価高の第一の要因は、馬や船などの輸送手段に係《かか》わる運上の費用である。

次に定信は、「丁銀をも吹潰《ふきつぶ》して弐朱判になしたるによりて、銀の位は数少なきを以て高くなり、金の位は弐朱判金の通用をなし候間、金の数増し候を以て位をひくゝす」と言う。「弐朱判」とは、南鐐二朱銀《なんりょうにしゅぎん》であることは言うまでもない。定信は二朱判の流通を禁止するのでなく、問題は過剰な鋳造量とみた。そこで二朱判、さらに田沼時代の四文銭の鋳造を停止し、金銀銭相場の均衡化を図ったのである。定信は運上金、冥加《みょうが》金の制度を肯定するが、ただ「利を貪るもの、冥加を出して我得分にせんという者多くなり来るによりて、自然と好利の風みちわたり、人々利をたくましうして、遂に諸物も貴くなりぬ」という。利潤追求のみの在り方や傾向が、物価高をまねくのである。また米価高騰の原因は、生産の減少である。生産が減少したのは、米を酒造に費やして、土地を米作のかわりに煙草や藍紅花に転用したからである。さらに農業人口が減少し、農家が力作を嫌い怠慢になったことを理由として挙げる。農業人口や生産が減少する一方、都市は非生産者が増大し、贅沢《ぜいたく》にふける町人の消費拡大があれば、当然物価は高騰する。つまり物価高の要因は、「費すもの多く、生する者少なき」ということになる。

定信は『物価論』において、以上のような物価高の諸要因を取り上げた。先に『物価論』をたい

へん興味深い書といったのは、定信が諸要因の帰するところを明示し、それがいかにも定信らしい帰結のためである。定信は、

帰する所は金銀銭の位を失ひたると、つくる者多からず費すもの多きと、人気の馴ぬるとの三つなり、其三つをおしたづぬれば、奢侈《しゃし》の一つに帰す、

と言う。奢侈こそが、根本原因なのである。奢侈にふけるか否かは、個人の倫理的なたしなみや心がけによる。つまり諸物価の高騰という経済的諸問題を各人の分に応じた道徳的問題に転化し、結論づけたのである。とはいえ経済的問題から道徳的問題への転化は、論理的に記述されていない。定信にとって、根底は儒教的徳義であり、この精神的義務に頼り現象としての経済的諸問題を解決しようとしたのである。

定信は奢侈・華奢《かしゃ》について、「いにしえより治世の第一とするは花奢をしりぞけ」ることで、その経緯は、「宝永正徳のころより花奢になりもて行とはいへども、前にもいふごとく宝暦明和之比之廿年は世風《せいふう》くづるゝ事早く、前の廿年はくづるゝ事おそかりけり」（『宇下人言』）という。では、どうして奢侈となったか。それは世上の「教すたれた」からであり、「制令」をなくしたからだとする。したがって「教」をなし、「制令」をなすことによって、奢侈を防ぐことができる。

定信は『物価論』を書きあげた後、「山下幸内上書」とともに、幕閣の松平信明、松平乗完、本

多忠籌に回覧し、かれらの意見を求めた。松平信明は、「御政要御書取の趣甚以感服、諸々御尤《ごもっとも》の御事に奉存候」といい、「物価の御論、誠に御妙解《みょうかい》と奉感心候」と答えた。

松平乗完は、「御別紙物価の高論深く感服仕候」といい、自らも「さて詰る所は、奢侈の事に御座候」と返答した。本多忠籌の返答は『物価論』に書かれていないが、定信と寛政の変革を進めた人物であるから、定信の論に賛同したことは間違いなかろう。こうして奢侈に関する矯正策《きょうせいさく》が「教」と「制令」の両面から打ち出された。「教」は朱子学による教えであり、「制令」は倹約、風俗、学政・学問、出版などの法度《はっと》であった。倹約令により、武士は為政者たる範を示すべきであり、百姓は衣服、髪形などの出費を抑え、農業に励むべきであり、町人は衣服、食事、贅沢品を慎むべきで、それぞれが分相応に振る舞うことを要求した。学政や出版の法度は、次節で述べる寛政二年の寛政異学の禁であり、出版統制令であった。武士が武士に相応《ふさわ》しい身なりをし、倫理的な振る舞いを身につければ、風俗は正され、奢侈はなくなり、ひいては物価も安定するとみていたのである。

五、異学の禁

徳川家康が、政治の根底を文教において林羅山（道春）を用いると、朱子学は幕府の教学の中核となり、儒学の正統とみなされた。

朱子学は、宋代の朱熹《しゅき》によってなし遂げられた道学である。朱熹によれば、万物は気と気の固定化した質との結合から生じ、万物はすべて理を宿すという。人間に宿る理は本然の性であり、自ら備えた性質・心情といえる気質の性とは異なる。気質の性から本然の性に帰るため、本然の性を窮《きわ》め知る（窮理《きゅうり》）ことが大切である。さらに本然の性を自己のなかに存養《そんよう》しなければならない。具体的に理を窮めるには、『大学』・『論語』・『孟子』・『中庸』を学ぶことである。

わが国の朱子学は、古く禅僧によって伝えられ、江戸期には徳川家侍講の学となった。林羅山《らざん》は、上下定分の倫理を朱子学の理気説や宇宙万物の陰陽説から演繹《えんえき》して、君臣父子の上下関係を明らかにし、わが国の封建的道徳への倫理的根拠を与えた。林羅山は上野忍岡の私塾で門弟の教育にあたったが、孫の林鳳岡《ほうこう》（信篤）のとき、湯島に移され、私塾は孔子廟《びょう》などを加えて昌平黌となり、鳳岡も大学頭となった。鳳岡以降、林家に才気ある人物が出ず、また入学資格に厳格な身分制度などがあり、朱子学は以前のように振わなかった。理気哲学に浸る朱子学では、現実の諸問題に対応できなくなったのである。しかも儒学界には、朱子学に対抗するかのようにすぐれた学者があらわれた。陽明学を唱える中江藤樹、古学派の伊藤仁斎、蘐園《けんえん》学派の荻生徂徠《おぎゅうそらい》らであり、かつ各派の長所を総合した折衷学派も出てきた。なかでも江戸の蘐園学派は、すぐれた学者文人を多く出し、朱子学をしのぐほどの勢をみせた。これらの諸派は、実践的役割を果たさない、と朱子学を批判したばかりか、文意や語句を独自に解釈して自派を擁護し、他派との論争を展開した。『論語』一書にしても、二〇余種の解釈があるという状態で、それぞれが自派の解釈に固守した。とりわけ定信は、諸派の末輩や折衷派の小人の意見を雑駁《さっぱく》でうるさく、乱れていると感じたのであろう。「今の世、学問するもの、経書に新意加へて、様々に吾説をてらふぞ、なげかはしき」と言い、諸説紛々の学説が泡のようにたぎる状態を嘆いた。

みだれたる世のいまだおさまらざるうちに、はや御神のかゝる事をはからせ給ひければ、道春といふ人をあげ給ひて、代々の学のめあてしるしをたて置給ひにければ、藤樹・蕃山・伊物の徒出たれども、おほやけの学の道はかはる事なし。もしひとの心のまにまに、をのがさまざま論説を経文に加へなば、代々の大君の御説よりして、諸侯・大夫をはじめ、おもひよることいひたらば、何をもて後の世を救ひなん。

（『花月草紙』）

陽明学派も古学派も諸説を展開するが、家康が用いた林羅山の朱子学を「おほやけの学」としてこそ、後世を救えるという。定信は、諸派の学者が道を講じながら、道に暗く、かえって風俗を乱していると判断し、学政刷新の必要性を感じとったのであろう。

天明八年（一七八八）、柴野栗山《りつざん》は幕府に招請されて江戸に赴き、昌平坂学問所の教授となり、翌寛政元年には岡田寒泉《かんせん》が同所の教授となった。ともに経書を講じ、林家を補佐した。栗山はかつて林家で学び、徳島蜂須賀藩に出仕した儒臣である。経学のみならず、漢詩文や本朝故事にも通じ、西依《にしより》成斎、赤松滄洲《そうしゅう》、皆川淇園《きえん》、頼春水《らいしゅんすい》、西山拙斎《せっさい》らと交友した。みな程朱《ていしゅ》の学を修めた儒者である。西山拙斎は朱子学を信奉し、異学の排斥を主張し、栗山に異学の禁を進言した。そこで栗山は、拙斎案を定信に建議し、定信が異学の禁令に踏み切ったとされる。もっとも拙斎に限らず、頼春水にしても程朱の信奉者で、広島藩の学制を定めて朱子学で一本化していた。西国では、朱子学で統一しようとする動きは、比較的盛んであった。定信は、古学派の伊藤仁斎や荻生徂徠について、「徂徠、仁斎などいふもの、いかにも豪雄の気性ともいふべき」(『責善集』)と発言するのに対し、その周辺の燕雀《えんじゃく》の連中は経書を勝手気ままに解釈し、自説を唱えるという。このことが我慢できなかったのである。

定信は、異学の禁をもって世上の思想界を統一しようとしたとする説が、しばしば見受けられる。果たしてそうであろうか。異学とは、おもに朱子学と対立する徂徠学をさそう。しかし定信は、徂徠の『辨道《べんどう》』『辨名《べんめい》』『太平策』などをよく読んでいるし、政教一三則を述べた定信の『政語』には、徂徠学との共通点も見られる。定信は思想界の統一というより、幕府学政を刷新するうえで、政策的処置として異学の禁を実行した、と考えられる。功利を求める浮薄《ふはく》な幕臣に、朱子学を精神的支柱として徹底させ、孝悌忠信仁義の道徳を再度守らせたかった。したがって異学の禁は、幕府教育における官吏登用の道に限る士風刷新であった。

士風刷新は、異学の禁と前後して発布された出版統制令にも感じられる。出版統制令は、出版物の取り締まりであることは言うまでもない。取り締まり対象は、「新規ニ仕立」てた書、時代を風刺する黄表紙や一枚摺《すり》版画、「猥《みだりなる》成儀《ぎ》異説《いせつ》」をとりまぜた書、「好色本之類」、「新板之物作者并板元之実名」のない書などである（『御触書天保集成』）。しかし同時に、出版業者の背後にいる著者・作者について問題視するのである。

狂歌、洒落本、黄表紙などの作者大田南畝《なんぽ》は父の跡を継いで御徒となり、のち人材登用試験に合格、長崎奉行出役ともなった幕臣である。黄表紙、洒落本、狂歌の作者で絵師でもある恋川春町《こいかわはるまち》は、駿河小島藩士で、狂歌作者朱楽菅江《あけらかんこう》は山崎景基（景貫）という幕臣である。狂歌作者唐衣橘洲《からころもきっしゅう》は、これまた小島源之助という田安侯の家臣である。黄表紙作者朋誠堂喜三二《ほうせいどうきさんじ》は、平沢常富という秋田藩江戸邸の藩士である。定信の改革により『天下一面鏡梅鉢』を絶版とされた黄表紙作者唐来参和《とうらいさんな》は、もと高家何某の家臣とされる藩士である。これらの作家は、みな武士であった。

絵本や読物のなかで、田沼時代に売れに売れたのが黄表紙である。黄表紙は、安永頃からあらわれ、五丁で一冊、二・三冊で完結した大人の絵入り小説である。洒落や滑稽味を重視し、毎年正月に出版された。したがって主題は、前年のエポック・メーキングをとりあげて風刺するようになる。天明八年（一七八八）に爆発的に売れた黄表紙は、朋誠堂喜三二著『文武二道万石通《まんごくどおし》』であった。挿絵は喜多川行麿（歌麿か）とある。万石通とは、米とぬかをふりわける道具であり、転じて文武両道に長《た》けた武士とぬらくら武士を選別することである。本筋は、ぬらくら武士を文武二道に引きいれることである。源頼朝を一一代将軍家斉《いえなり》に、頼朝の臣畠山重忠を松平定信に擬し、定信の口癖である文武奨励をとりあげて、田沼政治の腐敗をひやかした。その典型例ともいえるが、『文武二道万石通』の第四図（図5）である。図中の右手洞窟からでるのが、「文」の一行、左手は「武」

5．『文武二道万石通』第四図　朋誠堂喜三二著　喜多川行麿画　1788年

の一行、そして中央は、長生不老門の裏道をぬける一行である。中央の一行は、転倒し、尻もちをつき、醜態をさらす。七曜星紋所の男は田沼意次、「赤」とあるのは赤井忠晶《ただあきら》、「土」は土山宗次郎、「松」は松本秀持、「横」は横田準松《のりとし》である。みな、田沼派の勘定奉行や御側衆であった。こうしたぬらくら武士を箱根に湯治させ、文武の道に導こうとするのである。『文武二道万石通』は、定信の政策を否定する内容でないが、取り締まりの対象とされた。『よしの冊子』に次のような文章がある。

佐竹の家老に喜三次（二）と申草双紙造り御座候て、西下（松平定信）の御事抔作り出し候処、西下にて佐竹へ御逢被遊候節、其御元御家来の草双紙を作り候者ハ、才ハ至極《しごく》有之候様ニ聞へ候へ共、家老の才にハ有之間敷と御咄《おはなし》御ざ候由、右ニ付佐竹ニてさし置がたく、国勝手ニ申付候と申さたのよし。

これによると、松平定信は、秋田藩主と会い、藩士で著者の朋誠堂喜三二について不平をもたらした。喜三二は文芸の才はあるが、家臣としては失格だと。そこで、喜三二は江戸藩邸から秋田へ移されたという。

定信は、武士が町人風の文化にそまり、現世の享楽的な気分に浸り、黄表紙や滑稽本など書くことを憂慮した。出版統制令の背後に、武士は武士の本分をわきまえるべしという士風刷新が感じとれるのである。寛政二年（一七九〇）五月、異学の禁令が発布された。

朱学の儀は慶長以来、御代々御信用の御事にて、既に其方家代々右学風維持の事仰せ付け置かれ候に候得《えば》者、油断無く正学《せいがく》相励み、門人共取立申すべき筈に候。然処《しかるところ》近来世上種々新規の説をなし、異学流行、風俗を破候類《たぐい》之有り、全く正学衰微の故に候哉、甚相済まざる事にて候。其方門人共の内にも右体《みきてい》学術純正ならざるもの、折節《おりふし》はこれ有る様にも相聞え、如何に候。此度聖堂御取締厳重に仰せ付けられ、柴野彦助（栗山）、岡田清助（寒泉）儀も、右御用仰せ付けられ候事に候得者、能々此旨申し談じ、急度《きっと》門人共異学を相禁じ、猶《なお》又自門に限らず他門に申し合せ、正学講窮《こうきゅう》致し、人材取立候様相心掛申す可く候事。

（『徳川禁令考』）

昌平黌では朱子学を正学とし、それ以外の儒学の講義を禁じたのである。異学の禁が発せられるや、反論がすぐに起こった。塚田大峯《たいほう》は定信に上書し、禁令を批判した。大峯は、武に諸流派があるように、「学問にも種々の各目附候へ共、何レニも聖人の教に依て、天下の人を孝悌忠信仁義の道に誘引仕る者ニ御座候はゞ、何流にても世上大勢有之程、大平の御政務の万分一の御益にも可相成事ニ御座候半と奉存候」(『耕猟録』巻三)という。人は気質が違うように、学問もその人の好みによって流派を選んでよい、という。

栗山の友人で、赤穂藩の儒官赤松滄洲《そうしゅう》も、批判の書簡を栗山に送った。滄洲にとって、朱子学を正学とし他を排除するのは、「偏僻《へんぺき》」(かたよった考え)であった。朱子学のみを正学とすれば、「皇朝博士家説レ経《けいをとく》、自レ古《いにしえより》至レ今、遵二用《じゅんよう》旧典一、専《もっぱら》依二注疏一、不レ従二程朱一、豈《あに》謂三皇朝用二邪学《じゃがく》一而可也哉、由レ是観レ之、唯《ただ》宋儒学、謂二之正学一、是亦私言不通《しげんふつう》之論也」(『先哲叢談続編』巻十一)という。そしてかつて朱子学を大いに研究した藤原惺窩《せいか》にしろ、林羅山にしろ、決して「偏僻」の人でないという。幕府は、かずかずの批判を黙殺した。民間では仕官のできない、かなりの儒学者が私塾をひらき、かつ諸国の藩校が増加するなか、幕府はこうした状況を憂慮し、官学の昌平黌へと結集するなにがしかの学的統一が必要とみていたのであろう。

幕府が朱子学を正学とみなすことにより、諸藩も順次、幕府の方針に従っていった。米沢の興《こう》譲館《じょうかん》、仙台の養賢堂、名古屋の明倫堂、岡山の学館、萩の明倫館などは藩学を朱子学とした。定信のおひざ元である白河の立教館も朱子学としたことは贅言《ぜいげん》を要さない。立教館は、寛政三年（一七九一）に白河城下会津町に整備された藩校である。享和二年（一八〇二）に改築されて規模を拡大したが、文化六年（一八〇九）の大火で焼失してしまった。定信はすぐに再建を命じ、また同六年一〇月に自ら「立教館令条」を著した。この令条に、

経義においては自己の見をなすべからず、弥々永々程朱の説を可守事

と明記している。

定信は異学の禁をもって、世上の思想界を統一したり、朱子学以外の学問を排斥したり、藩学を規定するような意図はなかったであろう。こうした定信の意図は、後述の蘭学をみてもすぐわかる。朱子学を正学としたのは、幕臣の官吏登用のための学的秩序を明示し、忠孝精神を確固たるものとするためであった。つまり、徳川家が正統とした朱子学を踏襲することこそ、幕制を護持させ、公儀の権威を回復させる道だったのである。

第六章　尊号事件

江戸時代の朝幕関係は、朝廷の伝統的な権威を奉じて統一国家をつくろうとする信長や秀吉の公武関係と異なった。江戸時代の朝廷の料地は二万石にすぎず、政治の実権から遠ざかった。幕府は表向き、尊王主義をとったが、内実は朝廷を規制して拡大する勢力を抑えたのである。『禁中幷《ならびに》公家諸法度』を定めたり、京都所司代を設置したのも、朝廷・公家の権力を取り締まるためであった。しかし尊王の大義を力説するものが現れ、またわが国の古典研究により天皇の権威を明示するものが出るなどして、朝幕間に亀裂が生じることもあった。そうした亀裂のひとつが、尊号《そんごう》事件である。一言でいえば、光格天皇が実父の典仁《すけひと》親王に太上天皇の尊号を贈ろうとした事件である。またこの事件と直接関係はないが、これと前後して、将軍家斉《いえなり》が実父一橋治済《はるさだ》に大御所の称号を贈ろうとした、大御所事件も起こった。

尊号事件は、徳富蘇峰著『松平定信時代』、渋沢栄一著『楽翁公伝』に詳述される。ここでも参照させていただくが、渋沢氏は尊号問題を、「唯名分を重んずるの一語に尽く」とされる。定信は名分論をもって、この事件の解決にあたったのである。名分とは、名称と職分・身分の内容一致である。名分論はわが国の朱子学でとりわけ重視され、名としての社会的地位と、それに対応する内容としての職分上の責任とを充当することであった。名分論と内容上重複し、酷似したものが、正名論である。定信は若いころより、名分論や正名論を学んだ。二一歳から二三歳までの三年間に読み上げた書籍を『読書功課録』に記すが、そこに朱子の選した『通鑑綱目』がある。『通鑑綱目』は、周の威烈王から五代後周の世宗までの君臣事跡を述べた『資治通鑑』を要約し、史実に沿って大義名分を明らかにする。定信は二二歳のとき、これを読んだ。天明元年（一七八一）、定信は『正名考』を著し、その初めに、「名正しからざれば事順ならず、またしたがって其実をうしなふ、其実をうしなへば後の証ともなるべからず、よく正し侍るべきは名なりけり」と書く。名と実の一致論を展開するのである。天明六年の『鸚鵡の詞』でも、「名の名たるをしれば、よく名を正しくす、名の名たるをしるは、道をしらざればかたかるべし」といい、名のあずかるところを重視している。

定信は若いころから追究した名分論をもって、尊号事件や大御所事件に対応した。定信は名分を貫くことこそ、徳川幕府により統一された天下の秩序を安定させる、と考えたのである。

さて尊号事件の中心人物となる光格天皇は――諱《いみな》は兼仁《ともひと》、称号は祐宮《さちのみや》――閑院宮典仁親王《かんいんのみやすけひと》を父とし、明和八年（一七七一）に生まれた。閑院宮家は、新井白石の建白により宝永七年（一七一〇）に創立された新しい宮家である。安永八年（一七七九）、祐宮九歳のとき、後桃園《ごももぞの》天皇の皇位を受け継いだ。後桃園天皇は、後桜町《ごさくらまち》天皇から明和七年（一七七〇）に譲位され、在位九年にして安永八年に死去した。後桃園天皇に跡継ぎがいなかったため、とり急ぎ皇位を継承したのが、祐宮こと光格天皇であった。

さて、問題となる太上天皇という称号は、退位した天皇の敬称で、上皇のことである。光格天皇は、実父典仁《すけひと》親王に太上天皇の尊号を贈り、優遇しようとした。というのは、光格天皇は実父が親王のため、関白、大臣の下に座さねばならないし、また途上の礼節として歩行の大臣にたいし、乗物からおりねばならない制定などを憂慮したからである。一七条からなる『禁中並公家諸法度』は、第一条に天皇の諸芸を第一に学問とし、その第二条に親王の座位を三公（太政大臣、左右大臣）の下と規定していた。光格天皇は太上天皇の尊号宣下《せんげ》により、席次や制定の問題を解決しようとしたのである。

尊号宣下の儀は、天明二年（一七八二）ごろから考えられていたようである。この問題が表面化したのは、寛政年間に入ってからであったが、すでに内談を受けた幕府は、解決策として典仁親王の家禄を加増し、待遇改善を図った。しかし朝廷側は尊号宣下をあきらめず、光格天皇は尊号宣下の先例を中山愛親《なるちか》に調べさせた。その結果、承久年間に後堀河《ごほりかわ》天皇の父守貞親王に、文安年間に後花園天皇の父貞成親王に太上天皇の尊号を贈っていたことが分かった。

寛政元年（一七八九）、尊号宣下の伺書《うかがいしょ》が宣下の事例を加えて、京都所司代太田備中守にさしだされ、所司代から幕府に報告された。これを受けた定信は、すぐに尊号問題を老中と評議した。定信は同年一一月、只《ただ》仮りの御虚号に候ても、御私の御恩愛によりて、御位《みくらい》を踏まれず、御統記を受けられずして、太上天皇の尊号これあるべき御道理、曾《かつ》て御座なく、殊に尊号宣下と申儀は、猶《なお》以て御道理如何の筋に存じ奉り候。御名器は御私の物にこれなき所、右の通に相成候ては、御筋合然《おんすじあい》るべきからざる儀に御座候。

（徳富蘇峰著『松平定信時代』）

との判断であった。名分論を重視する定信は、皇位に就かずに太上天皇の尊号を贈ることは道理に合わない、という。ついで、伺書にあげた後堀河天皇と後花園天皇の両父への尊号宣下について、「是等の御先例は、いづれも承久・応仁衰乱の時の儀にて、御引用これあるべき儀にては、曾《かつ》てこれあるまじく存じ奉り候」という。先例は承久の乱、応仁の乱の戦時であって、範例とならないとする。

そこで幕府は、統一見解として「尊号の儀は容易ならざる義につき、今一応厚く御評議これ在られ云々」と決めた。この旨は、すぐ所司代太田資愛《すけよし》を介して朝廷側に伝えられ、宣下の再考を促したのである。

定信はさらに、関白鷹司輔平《たかつかさすけひら》に私信を送り、古今の事例を挙げて、尊号宣下の不適切なることを説得した。定信の知友鷹司輔平は了解したが、朝廷側の多くは、定信の考えに満足できなかった。朝廷側にとって、尊号宣下は天皇の孝心より出た問題であるから、光格天皇周辺の公卿《くぎょう》らは、幕府側の再考を求める書簡をしたため、定信に送ったのである。幕府と朝廷が対峙するなか、寛政三年四月、朝廷側は尊号宣下に代わる妥協案を出した。小一条院《こいちじょういん》の先例である。小一条院とは、六七代三条天皇の皇太子敦明《あつあきら》親王である。寛仁元年（一〇一七）、天皇死去に際し、皇太子を辞して小一条院の院号を授かり、太上天皇に準ずる待遇となった。定信は、この案を考慮し、とりわけ待遇改善については、儒官柴野栗山や勘定奉行久世丹波守らと協議している。こうして尊号問題は沈静化し、解決するかのようにみえた。

　鷹司輔平は、尊号問題を円満に解決しようとしていたが、寛政三年八月関白の職を辞し、一条輝良《てるよし》がその後任となると、尊号問題は再び表面化した。尊号問題は同年一二月、参議以上の公卿を集めて賛否というかたちで朝議にかけられた。その結果は、鷹司輔平と息子が反対するのみで、一条輝良ら多くの公卿が、賛成する有様であった。朝廷での宣下促進論が、一気に強まったのである。

　寛政四年（一七九二）、武家伝奏《でんそう》は京都所司代に書面を送り、尊号宣下の承認、閑院宮邸の増築、四、五千石の給付などを要求した。朝廷側とすれば、尊号宣下して名実を正すことが、光格天皇の実父への孝道なのであった。幕府側は、もとより尊号宣下に不同意である。定信は以後の進展を考え、悪しき尊号宣下は孝心とならず、時間をかけて宣下をあきらめさせ、家領増加の問題となった時点で妥協するという方針をとった。それでも宣下すれば、処罰をもって対処するという考えである。その後、朝幕間で何度となく応答をくり返したが、両者に満足のいく解決はなかった。

　寛政四年八月、伝奏正親町公明《おおぎまちきんあき》と萬里小路政房《までのこうじまさふさ》の書簡が、京都所司代より幕府に届けられた。幕府の回答引き延ばしに業を煮やし、「当年新嘗祭の節までも御沙汰《さた》なく候ては、御親祭の節、甚《はなはだ》以《もって》叡慮《えいりょ》安からず、黙止《もだ》され難御子細在らせらるる由、よって当十一月上旬には御決定宣下せらる可候」と宣下の期限を規定したのである。

朝廷側の一一月上旬の尊号宣下の通知に対し、定信は老中と相談して意思を統一し、尊号宣下の無用を公然と回答した。これに対し、正親町公明と萬里小路政房の両伝奏は、「御名器《ごめいき》軽ろかざる儀とのみ、簡易の御返答に相任《まか》せられ、臣下へ仰せ出され候ては、其の訳分明ならず」という。さらに尊号なくして、太上天皇に相応《ふさわ》しく御所を造営したり、御領を加増したりすることは、「畢竟《ひっきょう》、御名器の違乱」と反論し、一一月上旬の宣下を再度通告してきた。

定信はここに至り、老中と協議し、尾張、水戸家らの賛意を得て結論を出し、将軍に伺書を提出した。尊号宣下を従来通り無用と再確認し、尊号宣下を主張する中山愛親《なるちか》、正親町公明、広橋伊光《これみつ》の三卿を江戸へ召喚するよう所司代を介して告げたのである。なおこのとき京都所司代は、寛政四年八月に就任した堀田正順《まさなり》であり、先の太田資愛《すけよし》は病気により職を解かれていた。

緊張状態が続くなか、朝廷は幕府の意見に従い、尊号宣下を中止した。しかし、これで一件落着といかなかった。朝廷側は、宣下中止により三卿の江戸への召喚を必要なしと考え、納得しなかったからである。

その後、朝幕間は紆余曲折し、所司代や伝奏を介して書簡のやりとりをするが、一向にらちがあかず、追いつめられた朝廷側は、結局、前《さきの》大納言中山愛親と正親町公明の両卿を江戸へ向かわせた。幕府側の要請は、寛政五年（一七九三）正月二〇日と期限付きであったが、期限を守らず、同月下旬の下向であった。両卿は出立に際し、宸翰《しんかん》を持参した。幕府にとってみれば、江戸への下向は審問のためであるから朝廷の役儀と係わるような宸翰を持参することは望ましくない。しかし朝廷側は、宸翰持参により、幕府の主導でなく、天皇命による下向というかたちをとりたかったのであろう。さらに江戸での審問に際し、両卿への配慮を考え、幕府の一方的な処置に釘を刺したかった、と思われる。二月中旬江戸に着いた中山、正親町両卿は、二月中旬から下旬にかけ、定信の役宅、城中、松平乗完《のりさだ》の官邸で計三回詰問《きつもん》された。定信は当初より、詰問の内容を精査し、その順序を整え、同僚と協議し、さらに将軍の認可を得るなど準備を怠らなかった。

審問は、尊号宣下の中止による天皇の心情、勅問衆《ちょくもんしゅう》の評議、御領加増、宸翰の内容や意味などに関する問答である。定信は、両卿を別々に詰問し、両卿の回答する話の矛盾や齟齬《そご》を指摘した。三回の問答をおえ、定信は三月七日、老中戸田氏教の官邸で、老中、三奉行、大目付らが列席するなか、中山愛親に処分を申し渡した。定信は知友鷹司輔平の書簡から、今回の尊号宣下推進派の中心人物は中山愛親と知っていた。

尊号御内慮《ごないりょ》一件、取扱い行届かず、并此の度《たび》下向の上、御尋ね共《ども》これ有る処、不束《ふつつか》の御答、并軽卒成る取計らい、その外体談を失し候儀共、不埒《ふらち》に思し召し候間、閉門之を仰せ付けらる。

（渋沢栄一著『楽翁公伝』）

尊号宣下にあたり、天皇をいさめる立場にありながら、それを怠った中山愛親に閉門《へいもん》を申しつけたのである。閉門とは、「門を閉ぢ、通路これ有るまじき事」で、外出禁止である。一方、正親町公明に対しては、「逼塞《ひっそく》之を仰せ付け」るとある。逼塞とは、「門をば立置き、昼の内にても、くぐりより目立たざる様通路これ有る可き事」で、白昼の出入り禁止である。そこで閉門と逼塞の処罰を受けた両卿は、青松寺へ移され、三月下旬警護のもと京都へ帰された。

定信にとっては、武士も公卿も天皇の臣下であり、「王臣隔てなく、其の善悪によりて抑揚賞罰《よくようしょうばつ》これ有り候は」、天下をあずかる将軍、つまり幕府の「御職掌《ごしょくしょう》」（職務）なのである。定信は尊王家であったが、同時に朝廷が幕府の職権をおかすことを認めなかった。朝廷が、将軍の可否なしに尊号宣下を一方的にすることは幕府、ひいては将軍に対する職権の乱用であった。宣下を認めてしまったら、定信にとって朝幕間のバランスがくずれ、家康以来の幕制の危機となる、と思えたにちがいない。したがって朱子学者の定信は名分論をもって、幕府の威信を朝廷側に示すことが大切であった。そこで光格天皇のかわりに、伝奏、議奏《ぎそう》を処罰したのである。

幕府は中山、正親町両卿の処罰を朝廷側に告知し、免官に関しては朝廷側で実行することを要求した。これを受けて、中山愛親は議奏を、正親町公明は伝奏を免ぜられた。また尊号宣下にかかわった萬里小路政房は、「伝奏御役御免」と、広橋伊光は謹慎を命じられ、そのほか三人の議奏は戒飭《かいちょく》とされた。こうした処罰をもって、六年余りにわたった尊号事件は終息したのである。

一方、大御所問題についても、定信の考えは一貫していた。将軍家斉は実父の一橋治済に大御所の称号を贈り、西丸に迎えて優遇したかった。しかし大御所は、前将軍の敬称である。したがって将軍の座になかった治済に、大御所を贈るのは不適当である。定信は大御所問題においても、大御所贈与を認めず、名分論を固守したのであった。

第七章　外交と蘭学

一、アイヌ騒乱

三代将軍徳川家光により鎖国が断行されたとはいえ、海外情報がまったく絶えたわけではなかった。幕府公認のもと、オランダと清との貿易は長崎で続けられ、朝鮮使節も歴代将軍の襲職祝賀に来朝した。幕府はアジア事情のみならず、ヨーロッパの情報もオランダ人の報告する「阿蘭陀風説《おらんだふうせつ》書《がき》」を通して知ることができた。

一八世紀から一九世紀にかけて、ロシア・イギリス・アメリカは東洋へきっ先《さき》を向けた。ロシアは、ピョートル大帝もエカテリーナ二世も東進に熱心で、一六世紀後半、シベリアに進入して植民地とし、そこより太平洋岸に至り、千島列島を占領、ここより南進したのである。

明和八年（一七七一）、はんべんごろう事件が起こった。「はんべんごろう」こと、ポーランド軍人ベニョフスキー（M. A. A. Benyovzky）はカムチャツカを逃げ出し、長崎の阿蘭陀商館長にロシア南下を報告し、北辺の危機を警告した。これにより北方蝦夷《えぞ》地が知識人らの脚光を浴び、かつ長崎の阿《オ》蘭陀《ランダ》通詞《つうじ》に北方や蝦夷の研究を促す結果となった。そして安永七年（一七七八）、ロシア人が厚岸《あっけし》に来航し、松前藩に通商を求めたのである。

　仙台藩の侍医工藤平助は、北辺に関心を抱く一人で、ロシア問題を憂い、天明元年（一七八一）『赤蝦夷風説考《あかえぞふうせつこう》』下巻を著し、同三年に上巻を書いて完結させた。平助によれば、ロシア人が蝦夷地へ来るのは交易のためであるから、要害や抜荷《ぬけに》禁制のため蝦夷地を開拓してロシアと交易すべきであるという。蝦夷地の金銀銅の発掘は有益であり、これをもってロシアのみならず清、オランダと交易すれば、国は潤うが、もし蝦夷地がロシアの配下となれば後悔することになる、と警告した。平助は自著の上下巻について、序で「見給ふ人、上の巻にてたりぬべし、下の巻はみ給ふに及ばぬ事どもなりかし」という。すると下巻は一見不必要にみえるかもしれないが、下巻にはロシアの地理・歴史・言語などの幅広い情報が記載されている。下巻に「ゼヲガラーヒの説」とか、「ベシケレイビング・ハン・ルユスランド」という名称がしばしば出てくるから、平助は主に二冊の蘭書を参考とした。

　前者の「ゼヲガラーヒ」とは、ドイツ語原本の蘭訳本である。平助は、下巻で「千七百六十九年、明和七（六）年開板のゼヲガラヒ」と言っているから、一七六九年にアムステルダムのピーテル・メイエル書店から出版された六冊本であった。これは、クラメルス（Ernst Willem Cramerus）によって増補されていたから、わが国では『葛辣黙魯私《カラメロス》地誌』とも呼ばれた。蘭書「ゼヲガラヒ」六冊本中の四巻一四本が、「帝政ロシア誌」(Beschryving van het keizerryk Rusland, of het Russische Ryk) である。後者「ベシケレイビング・ハン・ルユスランド」とは、『ベスフレイフィング・ファン・ルスラント』(*Beschryving van Rusland*) である。「ベスフレイフィング」は記述とか誌、「ファン・ルスラント」は「ロシアの」という意味で、蘭学者の間でロシアを知るための基本的文献であった。桂川甫周は『北槎聞略』巻之五で「按《あんず》るに吉雄幸作永章《ながふみ》が訳せしベシケレーヒンギ・ハン・リユスランドといふ書に云……」と述べているから、阿蘭陀通詞の吉雄幸作(耕牛)がこの蘭書を入手し、翻訳していたとわかる。「ベシケレイビング・ハン・ルユスランド」は通称で、その正確な標題を記したのは山村才助であった。文化三年(一八〇六)の『魯西亜国志』に次のように書いている。

オウデ・エン・ニイウウエ・スタアト・ハン・ヘット・リユスシセ・オフ・モスコビセ・ケヰゼルレイキ
魯西亜一名「モスコビヤ」と云ル帝国ノ古今ノ政治
ヒストリイ・ハン・リユスランド・エン・デスセルフス・ゴロオト・ホルステン
魯西亜国歴代ノ大君ノ紀
和蘭ヨハン子ス・ブルウデレッキ撰　同国J・C・ヒリップ図画　一千七百四十四年ウトレキト和蘭七州ノ一ノ学校ニ於テ刊刻

これはオランダ語の字音訳である。最初の片仮名をオランダ語で書けば、〈oude en nieuwe staat van het russische, of moskovishe keizerryk〉で、次の片仮名をオランダ語にすれば、〈historie van Rusland en deszelfs groot vorsten〉である。訳は「ロシア、またはモスクワ帝国の古今の状況、ロシア、並びにロシア大公の歴史」となる。この蘭書は、一七四四年ユトレヒトの学術出版社ヨハネス・ブルーデレトから出されたが、著者がはっきりしない。著者はブルーデルトか、序を書いたヨハネス・フレデリク・レイツ（Joh. Frederik Reitz）であろう。ブルーデレトとレイツは、同一人物の可能性もある。

さて、『ベスフレイフィング・ファン・ルスラント』を訳した吉雄幸作は、天明元年（一七八一）、商館長フェイト（A. W. Feith）に随従して江戸参府をした。工藤平助はこのとき、幸作から『ベスフレイフィング・ファン・ルスラント』の内容を教えられ、『赤蝦夷風説考』に書き加えたのである。なお、幸作の所蔵した『ベスフレイフィング・ファン・ルスラント』は、岩崎克己氏の調査によると、朽木昌綱に買いあげられたあと、前野良沢にわたり、良沢の死後、売りに出された。その後、天文方支配の若年寄堀田正敦は、おそらく定信の助言を受けてこの蘭書を買いとった、と想像される。ともあれ幕府の所蔵した『ベスフレイフィング・ファン・ルスラント』は、巻中に〈JOSIWO〉の印があるから間違いなく、かつて吉雄幸作の所蔵本であった。

工藤平助は対露問題を憂えて『赤蝦夷風説考』をまとめ、ロシアとの交易や蝦夷地開拓が必要であることを勘定奉行松本伊豆守秀持《ひでもち》に建議した。勘定奉行は田沼意次に伺書を提出し、賛同を得るや、平助の意見書を採用した。そこで蝦夷地の調査を勘定組頭土山宗次郎や松前藩に命じ、天明五年（一七八五）、大規模な調査隊を送ることとなった。その際、食糧貨物を運搬するため、八百石積の船二隻を大湊《おおみなと》で新造させたのである。

普請役五人と下役からなる調査隊は、天明五年二月松前へ向かい、松前藩と相談し、東蝦夷地調査隊と西蝦夷地調査隊に分かれて踏査に乗り出した。

前者の調査隊は山口鉄五郎、青島俊蔵、青島の下役最上徳内、松前藩の案内人・通詞・医師らで、蝦夷地東岸を経、クナシリ・エトロフ・ウルップなどの諸島を踏査する任務であった。

後者の調査隊は庵原《いはら》弥六、佐藤玄六郎、下役、松前藩の協力者からなり、蝦夷地西岸を経、宗谷《そうや》からカラフトを踏査する任務であった。松前には連絡役として皆川沖右衛門が残った。

東蝦夷調査隊は東岸を検分し、クナシリ島へ渡った。しかしそこより先は荒波のため進めず、しかも初冬も迫り、アイヌからロシア人の風聞も得たため、下役大石逸平を厚岸に残して松前へ戻った。他方、西蝦夷調査隊は西岸を通り宗谷へ進んだ。同地で装備を調え、庵原弥六と下役は、渡海してカラフトに向かったが、厳寒と食糧不足のため宗谷にひき返し、同地で越冬した。しかし翌六年三月、同地で病死してしまう。松前より宗谷へ向かった佐藤玄六郎は、宗谷で庵原と別れ、蝦夷地東北海岸を検分、その後東蝦夷地へ向かい、厚岸に着いた。厚岸では、東蝦夷調査隊が松前へ戻った後で、山口や青島と会えず、かれらを追って松前へ帰った。松前で会した一行は、相談の結果、天明五年冬、調査復命のため佐藤玄六郎を江戸へ向かわせたのである。江戸に着くや佐藤玄六郎は、松本伊豆守に調査を報告し、松本伊豆守は天明六年（一七八六）三月、「蝦夷地の儀《ぎ》に付申上候書付」を老中に提出した。

本蝦夷地の儀、周廻凡《およそ》七百里程、カラフトは本蝦夷地に不レ劣大島と相見え、クナシリ島は周廻凡百五拾里、エトロフ島は周廻凡三百里、ウルップ島は周廻凡百五拾里程有レ之候由にて、広太成土地に候処、蝦夷人共は纔《わずか》住居仕候て、一本空虚に有レ之（中略）いつれにも人別少く、糧乏《かてとぼ》敷《しき》候ては、御取締の筋出来難仕候に付、先つ本蝦夷地を新田畑に開発仕候積、（中略）蝦夷人共え農具をあたへ、種子物を渡し、作り方教候はゝ、当時の蝦夷人別にても、早速新開余程出来可レ仕旨にて、凡見積反別の儀左の通申聞候

本蝦夷地周廻凡七百里程の内

一、平均凡長百五拾里横五拾里　但　三拾六丁壱里の積り

　此反別　千百六拾六万四千町歩

右十分一

　百拾六万六千四百町歩

　新田畑開発可二相成一積

「此高凡積五百八拾三万弐千石」

「但壱反に付、五斗代の積り」

（『新北海道史』第七巻）

要約すれば、蝦夷地は広大のため取り締まりは難しい。この広大な地を開拓するには、アイヌに農具や種子を与えて農業を教えなければならない。周囲七百里の蝦夷地は、千百六十六万四千町歩で、その十分の一を田畑として開拓すれば、百十六万六千四百町歩となろう。一反歩につき五斗の米収穫と計算すれば、五百八十三万二千石となるという。そうはいってもアイヌだけの開拓では、人数不足である。そこで、弾左衛門を呼びだして尋ねた。すると、

当時取極《とりきめ》支配仕候武蔵　上野《こうずけ》　安房　上総《かずさ》　下総　伊豆　相模其外、下野　常陸　陸奥　甲斐駿河の内　罷在《まかりあり》在候長吏非人共《ども》、人別高三万三千人余、此内七千人程は場所え引移し、新開為レ仕可レ申候

（前掲書）

という回答を得たのである。さらに「諸国に罷在候長吏非人等、人別高凡弐十三万人程可レ有レ之哉、此内より新開場え為引移候人数、凡積六万三千人程、都合七万人程引連」ということであった。つまり、七万人余りの穢多《えた》、罪人らを蝦夷地に送りこみ開墾にあたらせる計画なのである。

松本伊豆守の意見書は、幕議の結果、聞き入れられ、蝦夷地調査は続行されることとなった。再

度、調査の命を受けた佐藤玄六郎は、蝦夷地へ引き返し、天明六年（一七八六）五月に松前に着いた。

天明六年正月、東蝦夷調査隊の下役最上徳内は、先発隊員として松前を立ち、厚岸に向かった。初夏、アイヌ乙名《おとな》イコトイの小舟に乗り、クナシリ島に渡り、次いでエトロフ島、ウルップ島にまで至った。エトロフ島では、難破して同島にいたイジュヨらのロシア人と会い、ロシア情報を得たのである。山口鉄五郎は徳内より少し遅れ、また青島俊蔵はかなり遅れて松前を出発し、両人もエトロフ島を調査した。一方、西蝦夷調査隊の下役大石逸平は、同年三月、松前を立って宗谷に向かった。五月カラフトに渡海し、同地の交易や地理を二か月余り調査したが、食糧不足や進路を阻まれたため、七月宗谷に戻った。その後、宗谷より海路で東北海岸を回り、厚岸に着き、東蝦夷隊と合流し、松前へ帰ったのである。

蝦夷地調査隊が検分している最中、江戸では大事件が起きた。将軍家治《いえはる》が病に伏せ、天明六年九月に没し、前後して田沼意次も逼塞《ひっそく》を命じられ、八月に老中を免ぜられた。蝦夷地開拓に熱心な松本秀持も、勘定奉行の任を解かれたため蝦夷地開拓は調査途中のまま、頓挫《とんざ》してしまったのである。調査隊は帰還を命じられ、江戸に着くや解雇されるという有様であった。

山口鉄五郎ら普請役《ふしん》五名は、地理・産物・ロシア情報などを委細に記録し、『蝦夷拾遺《しゅうい》』四巻にまとめたが、蝦夷地調査さし止めとの理由で受理されなかった。田沼意次の政策に批判的な松平定信は、蝦夷地を火除地《ひよけち》として未開とする考えであったが、蝦夷地を放置できない事件が寛政元年

（一七八九）五月に起きた。クナシリ、メナシのアイヌ騒乱である。

そもそも蝦夷地を支配した松前氏は、慶長九年（一六〇四）、徳川家康に願い出て、アイヌとの交易独占権をえ、幕藩体制下に組み込まれた。しかし、松前藩は米穀が取れないところから、他の諸藩と異なり、賓客《ひんきゃく》としてもてなされた。米穀の取れないことは、家臣にも米の石高給与をできず、その代わりアイヌと交易する商場の交易権を知行として与えた。知行主は藩の認可のもと、自らの物資を船載して現地へ向かい、そこで現地の生産物と交易し、これを商人に売りさばき利潤を得ていた。しかし、こうした商場制度が、江戸中期ごろ、場所請負《うけおい》制度へ替わるのである。これは、知行主が商《あきない》場《ば》の交易権を商人に代行させ、その利益配分を受け取る制度であった。知行主は場所請負人からの運上金や差荷に関心があっても、アイヌとの直接交渉には関与しなかった。そのためアイヌとの接触や処遇は、商人の独断的な裁量に任された。利潤を追求するあまり場所請負人は、畢《ひっ》竟《きょう》、アイヌへの重労働、低賃金、悪待遇、粗悪品の販売へと流れた。その結果、アイヌの和人への不信感は高まっていったのである。

寛政元年のアイヌ騒乱は、こうした状況下で起きた。騒動となったクナシリの場所請負人は、飛騨屋久兵衛であった。『新北海道史第二巻』によると、クナシリではアイヌを使役して鱒・鮭をとり、しぼって粕《かす》を製し、油をとらせたが、支給手当は少なく、降雪のころまで働かせた。そのためアイヌは、漁獲して冬季の食料貯蔵をする暇がなく困窮したという。騒乱の直接原因は、クナシリに赴いた松前藩足軽がオムシャの儀礼を行わず、かつアイヌ死亡事件の発生と毒殺の流言などによるものであった。五月五日、クナシリのアイヌが蜂起し、二二人の和人を殺害した。その内訳は『寛政蝦夷乱取調日記』に、「くなしり運上屋にて五人　へとかにて三人　まめきらゐにて弐人　ちふかるへつにて八人　ふるかまふにて四人」とある。騒乱は対岸の標津《しべつ》付近のメナシ各地でもおこった。メナシ方面の死者は四九人で、同取調日記に「めなしへつにて五人　船にて拾壹人　ちうるい運上屋にて拾人　こたぬかにて五人　くんねへつにて五人　さけむいにて五人　うゑんへつにて八人」とある。両地区で殺害された人数は、合計七一人であった。騒乱は、霧多布《きりたっぷ》の飛騨屋久兵衛配下の支配人助右衛門に視聴され、松前藩に報告された。

騒乱を知った松前藩は、すぐ新井田孫三郎を筆頭に鎮圧隊を編成し、海路と陸路から現地に向かわせた。鎮圧隊は厚岸で軍を撃え、戦陣を張った。しかしアイヌのなかに松前藩との戦闘を避け、平和的に解決しようとする者もおり、乙名イコトイやツキノエは、蜂起したアイヌらに降伏を説いた。乙名らの努力により、松前藩は交戦することなしに、騒乱を起こしたアイヌを捕え、首謀者を処刑し、かつアイヌ族長らに松前藩に服従することを約束させた。孫三郎は八月五日、厚岸を出船し、その際、藩主に拝謁《はいえつ》させるため、アイヌの酋長やその眷属《けんぞく》をしたがわせた。『寛政蝦夷乱取調日記』九月三日の条に「御目見得《おめみえ》蝦夷共不レ残相揃候間名前相調」として四三人の名前を挙げている。さらに九月二三日の条に「東夷地之罷下候節途中場所々より召連候長人共」として四四人のアイヌ名を列挙する。鎮圧隊は九月四日松前に到着、翌日孫三郎は登城し、藩主松前道広に「徒党《ととう》の夷共打取候首級三十七、箱にいたし持参」した旨を報告した。アイヌらもつき従ったが、「御目見得罷登候夷とも着類不レ宜候に付十徳《じっとく》類持参内にて借為レ着候様申談す」（『日本庶民生活史料集成』）とあるから、アイヌは羽織のような衣服（十徳）をまとい、藩主拝謁に相応《ふさわ》しい姿とされた。このとき藩主道広は蠣崎《かきざき》波《は》響《きょう》に命じ、「彼有功者一十二人を図せし」めた。これがマウタラケ、チョウサマ、ツキノエ、ションコ、イコトイ、シモチ、イニンカリ、ノシコサ、ポロヤ、イコリカヤニ、ニシコマケ、チキリアシカイからなる一二人のアイヌ肖像画「夷酋列像」である。ブザンソン市立美術館所蔵の「夷酋列像」はイコリカヤニの一図を欠き、「寛政二庚戌初冬」に完成したとわかる。フランクフルト滞在中、出向いて見学したが、南蘋《なんぴん》派の描法を駆使した濃彩絢爛たる作品である。波響は寛政二年（一七九〇）、藩命にて上洛《じょうらく》の際に「夷酋列像」を持参し、さらにもう一部制作した。「夷酋列像」は京都の公家らに好評で、例の尊号事件の光格天皇も叡覧《えいらん》している。「夷酋列像」のツキノエやノシコサらは皮靴をはき、マウタラケやションコらは蝦夷錦をまとい、イコトイ（図6）らはロシアの外套《がいとう》をまとう。こうした品がロシアや中国から交易品として松前藩に流入していたことがわかろう。前述したアイ

6．蠣崎波響　イコトイ像　絹本着色
1790年　ブザンソン市立美術館蔵

ヌが藩主に御目見得の際、藩から与えた「十徳類」とは、ロシアの外套や蝦夷錦を指すのであろう。

さて松平定信は、アイヌ騒乱を無視することはできなかった。さらに騒乱の背後にロシア人がいるとの流言もあったからである。幕府は騒乱究明のため、青島俊蔵を呼び出して長崎俵物御用とし、小人目付笠原五太夫を商人に擬装させて松前へ送りこんだ。蝦夷地に詳しく、アイヌとの通弁もできる最上《もがみ》徳内は、野辺《のへじ》地から加わり、五太夫の下役となった。一行は寛政元年（一七八九）夏に松前に着き、騒乱事件を調査し、一一月に江戸へ戻り報告書を提出した。寛政二年正月、青島と徳内は呼び出され、隠密でありながら、アイヌ騒乱後の処置に関し、松前藩に助言したとの理由で入牢《じゅろう》されてしまった。このときの処罰の理由がわかりにくい。松平定信は騒乱背後にロシア人介在を考えていたのであろうから、ロシア情報の不十分な報告書に満足できなかったのではなかろうか。青島は寛政二年八月、遠島を申し付けられたが、獄中で病死し、徳内は吟味の結果、関係なしとされ釈放された。徳内はその後、普請役に昇進し、寛政四年蝦夷地に向かいカラフトまで足を延ばし、北辺の交易状況について調査を続けたのである。

北辺に関心が向かうさなか、林子平著『海国兵談』が寛政三年（一七九一）に出版された。江戸に生まれ、仙台藩に仕えた林子平は、長崎に赴いてロシア情報を入手し、江戸で桂川甫周、大槻玄沢らの蘭学者と交わった。子平の著した『三国通覧図説』に「和蘭人ヘイト語テ曰」とか、「和蘭人アヽレントウエルレヘイトニ逢フ」といった文章があるから、子平は商館長アーレント・ウィレム・フェイト（Arend Willem Feith）と出島で会い、情報を得た。『海国兵談』にも、安永乙未《きのとひつじ》の年、小子崎陽ニ在て、多ク唐山和蘭陀ノ人ニ面接ス、其中和蘭人の御《ムマノリ》を善スルアレントウエルト、ヘイトてふ者に対話《ハナ》ス、彼が数説中、可レ取事ともあり

とある。フェイトはすでに四度来日し、五度目の来日は、安永四年（一七七五）八月であった。したがって子平がフェイトと会ったのは、安永四年中でも八月以降である。もっとも吉雄幸作か名村八左衛門か、いずれかの阿蘭陀通詞が通弁し、子平を助けたことはまちがいなかろう。

子平はロシア南進を警戒し、北辺防備の観点から『三国通覧図説』や『海国兵談』を著した。『三国通覧図説』は蝦夷地調査のさなか、天明六年（一七八六）に出版された。子平によれば、ロシアはカムチャツカを経てエトロフまで南進したから、蝦夷地が併呑《へいどん》されないよう用心しなければならない。金銀銅の埋蔵される蝦夷地をはやく確保すべきであり、そのさいアイヌの教化をもって済度《さいど》策《さく》とし、アイヌを招諭し蝦夷地をわが領内とすべきである、という。三国とは朝鮮・琉球・蝦夷地で、これらの地域の地理、風土を解説するが、その中心は蝦夷地にあてている。しかし掲載された蝦夷図を見ると、カラフトとサハリンが同一でなく、カラフトは大陸の半島となっているなど精度に欠けた作図と分かる。

子平は天明六年、『海国兵談』を脱稿したもののすぐ出版できず、天明二年に自ら描いた「和蘭陀図説」などを再版して知人に一枚銀三匁《もんめ》で売り、刻費にあてた。『海国兵談』の第一巻のみは天

明八年（一七八八）に出され、全巻の出版は寛政三年であった。『海国兵談』によれば、江戸の日本橋より唐、オランダまで境なしの水路であるから、航海術に長けた西欧諸国は容易に来航でき、したがって四方皆海のわが国は、海国相応の防備が必要であるといぅ。つまり海国とは、「地続の隣国無して四方皆海に沿《ソヘ》ル国」であり、「海国の武備ハ海辺にあり。海辺の兵法は水戦にあり。水戦の要は大銃《おおづつ》にあり、是海国自然の兵制也」とする。こう述べる第一巻の主張こそ、子平の本題であったろう。そこで子平は、蘭船の紹介、蘭船の建造、大砲の装備を説くのである。

苦心惨憺《さんたん》の末に出版した『海国兵談』は、出版取締令に触れ、出版禁止となるばかりか、板木も没収された。同時に、天明六年の『三国通覧図説』も絶版とされた。処罰の理由は、「奇怪異説等取交へ著述」したとか、「地理相異の絵図」を添えたとかであった。このとき子平が詠じたとされる歌に、

親もなし妻なし子なし板木なし金もなければ死にたくもなし

という一首がある。すべてを失い絶望しつつも、死ぬこともできなかったのである。

『海国兵談』は、定信にとって、民間人の勝手な議論の書であり、「猥《みだりなる》成儀異説《きいせつ》」にみえたのであろう。これは蘭学への弾圧というより、処士横議《おうぎ》の処罰である。封建制の通則にてらし、幕府の政策に具体的な批判を加えた海防問題は、民間人が「漫《みだ》り」に論じるべきでなかった。寛政四年（一

七九二）五月、子平は蟄居《ちっきょ》を命じられ、翌年六月病死した。子平の警告した蝦夷地や、とりわけ重視した江戸湾の防備は、寛政四年、突如来航したラクスマンにより具体的な問題として急上昇してくるのである。

二、西洋天文学

海防問題の基本となるのは、地理・地図であり、かつ外国情報の入手である。『三国通覧図説』に掲載された蝦夷図は不精確であり、当時の地理学や天文学の未熟さを反映していよう。これらはわが国の資料では不十分で、唯一門戸を開いた出島をとおして将来される蘭書に頼らざるをえなかった。すると蘭書翻訳のできる通詞の協力が余儀なくされるが、松平定信は阿蘭陀通詞を活用した一人であった。

新井白石が、形而下の学として西洋学芸の優れた点を認めて以来、この考えは吉宗の時代にひき継がれ、定信にも踏襲された。そこで天文改暦の問題をみてみよう。

将軍吉宗は、当時使用されていた貞享暦を西洋天文学によって改暦しようとし、延享三年（一七四六）天文方渋川六蔵と西川忠次郎に改暦事業を命じた。貞享暦は渋川春海によって元の授時暦が若干改良され、日本人の手によりはじめて改暦された暦であった。

貞享暦を改暦したのが宝暦暦であるが、京都の陰陽頭土御門家の指導が強く、そのため貞享暦をわずかに手直ししたにすぎなかった。宝暦暦は、宝暦四年（一七五四）に採用されたが、宝暦一三年（一七六三）九月朔日《ついたち》の日食を予知できず、面目を失墜させた。そこで明和元年（一七六四）、宝暦暦の不備を補うために宝暦暦修正事業が命じられた。これが明和六年にできあがった修正宝暦暦で、同八年に採用された。結局、吉宗は西洋天文学による改暦を意図しつつも、宝暦元年（一七五一）に死去し、吉宗の意図は宝暦暦、修正宝暦暦に反映されなかった。

ところで宝暦暦修正事業は、三鷹の東京天文台所蔵『修正宝暦甲戌《こうじゅつ》元暦』によると、田沼意次、水野忠友、松平武元ら幕府のそうそうたるメンバーからなる。編暦改暦事業は、意次が天明六年（一七八六）に老中を罷免されるまで、意次のもとにあり、罷免後は意次派の老中水野忠友に託された。しかし忠友は、天明八年（一七八八）二月二十八日、定信に解任されてしまうから、以後の編暦事業は新たに老中首座となった定信にひき継がれたのである。

松平定信は寛政改暦にむけて、天明八年本木《もとき》良永と吉雄幸作の共訳『和蘭陀永続暦和解《おらんだえいぞくれきわげ》』に注目した。本木良永は阿蘭陀通詞《つうじ》で、天文地理の蘭書を数多く翻訳し、定信や松浦静山に応需し、蘭書翻訳御用を務めた蘭学者である。吉雄幸作も阿蘭陀通詞で、西洋医学にも関心があり、医書、本草書の翻訳著述により吉雄流医学の祖といわれた蘭学者である。『和蘭陀永続暦和解』の原本は、『エーウィヒ・ドゥーレンデ・アルマナク』（*Eeuwig durende Almanak*）で、標題は原本の直訳である。本木はこの訳書を幕府に呈上した。『長崎通詞由緒書』に、

　同年（天明八年）阿蘭陀永続暦和解被仰付、為御褒美《ほうび》白銀五枚頂戴《ちょうだい》仕

とある。長崎市立博物館の御教授によると、「越中守様（松平定信）ヨリ若御尋等も可有之ニ付、間違不有様ニとの事」と稿本にあり、すると定信が本木にこの蘭書の翻訳を命じたのであろう。『和蘭陀永続暦和解』は、寛政元年、天文方吉田靫負《ゆげい》によって調べられ、わが国の天文に合わないとの理由で活用されなかった。先例諸事を重ずる吉田にとって、西洋天文学書の翻訳など改暦の実践に役立たないとみえたにちがいない。また同時に西洋の天文訳語など、どこまで理解されたか、疑問も残る。

定信は寛政改暦にむけて、西洋天文学に熱心であり、一冊の天文学蘭書を入手した。寛政三年（一七九一）一一月、定信はこの蘭書の翻訳を本木良永に命じた。『長崎通詞由緒書』に、

　同年（寛政三）十一月、天地二球用法之書和解被仰付

とある。本木が「天地二球用法之書」と和訳した蘭書は、次のような標題であった。

　阿蘭人此書ヲ名テ Gronden《ゴロンデン》 der《デル》 starrenkunde《スタルレンキュンデ》 gelegt《ゲレキト》 in《イン》 het《ヘット》 Zonne-《ソンネ》 Stelzel《ステルセイル》 Behatlijk《ベハットレイキ》 gemaakt,《ゲマアクト》 in《イン》 Een《エーン》 Beschrijvhing《ベシケレイヒンキ》 van《ハン》 het《ヘット》 maaksel《マークセル》 en《エン》 gebruijk《ゲフロイク》 der《デル》 Nieuwe《ニーウェ》 Hemel《ヘーメル》 en《エン》 Aard《アールト》 globen《ゴローベン》 ト云フ、

本木の記したオランダ語には、コンマの位置やハイフンに誤りがあるから、正確なオランダ語にすると、

Gronden der Starrenkunde gelegd in het Zonnestelzel bevatlijk gemaakt; in eene beschrijving van 't Maaksel en Gebruik der nieuwe Hemel- en Aard-Globen

となる。遂語訳すれば、「新天球・地球両儀の構成並びに使用の説明にかんして、太陽系においてわかり易くなされた天文学の基礎」となる。文中の〈beschrijving《ベスフレイフィング》〉は説明書という意味である。遂語訳したのは、これ自体独立した書籍でなく、新製の天球・地球両儀に付けられた使用説明書であることを知ってもらうためである。実は、この蘭書の原本は英書で、ジョージ・アダムス著『新天球・地球両儀の構成と使用の説明』(George Adams: *Treatise Describing and Explaining the Construction and Use of New Celestial and Terrestrial Globes*）である。好評の英書は、ヤーコブ・プロース（Jocob Ploos）によって蘭訳されるばかりか、注も加えられ、アムステルダムのファン・ケーレン書店から出版された。定信が所蔵したのは蘭訳本で、これを翻訳するよう本木に命じたのである。

本木は『星術本原《せいじゅつほんげん》太陽窮理了解新制天地二球用法記』との標題で、寛政四年ほぼ翻訳をおえ、翌五年成稿し、幕府に呈上した。『長崎通詞由緒書』に翻訳報酬として、「為御褒美白銀拾枚頂戴《ちょうだい》

仕」とある。本木より定信へ返却された蘭書と訳書は、訳書七冊の内の一冊を欠き松平家に遺された。訳書の『天地二球用法記』は、定信が西洋天文学に期待したほど、改暦の具体的な効果はなかったであろう。実務にあたる土御門家の権力は、依然として強く、作暦の因習や先例を重んじていた。

しかし、定信が老中を辞した二年後、寛政七年（一七九五）、麻田剛立門下の高橋至時《よしとき》と間重富《はざましげとみ》は、改暦御用を命じられ、大坂を去り、江戸浅草の暦局に勤務することとなった。麻田剛立は漢訳書をとおして西洋天文学の知識を得、剛立から教えを受けた至時と重富は、西洋天文学をとり入れた清朝の天文学書『暦象考成』を土台として新暦法を追究し、かつ自ら観測をおこなった。寛政九年（一七九七）吉田靫負《ゆげい》、山路才助、高橋至時、間重富らは、西洋暦を以て改暦をなし遂げ、寛政改暦が発布された。改暦事業の中心的役割を担ったのは、至時と重富であったことは言うまでもない。

寛政改暦後、至時は天文方として江戸にのこり、享和三年（一八〇三）にラランデの天文書（*Astronomia, of Sterrekunde*）を抄訳し、『ラランデ暦書管見』を著した。一方、重富も暦局勤務中、ラランデの天文書を抄訳し、『星学』や『刺羅迭暦翻訳ラランデ稿』などを著した。これらは寛政改暦から四五年後の天保の改暦で役立てられるのである。

三、西洋地理書

松平定信は天文書のみならず、地理蘭書にも関心があった。北辺の地理やロシア情報を得るためである。定信は蝦夷地防備に関し、『宇下人言』で、

> 蝦夷地は山丹・満州・ヲロシヤ之国々に接し、ことに大切之所成るに、いままでその御備なきこそふしんなれ。未年御役（天明七）を蒙りしよりして、このことに及び

と述べているから、老中首座となって以来、北辺地理を気にかけていた。

定信は寛政元年（一七八九）、『ニューウェ・アトラス』（*Nieuwe Atlas*）二冊本を入手した。この蘭書を参考とし、近藤重蔵は『辺要分界図考』の一図を、桂川甫周と山田聯《れん》はロシア封域図や北辺地図を製作した。しかもこの蘭書は、亜欧堂田善と深く関係するため、「第一〇章　定信の収集した蘭書と銅版画」で詳述したい。

定信は、アイヌ騒乱や北辺の調査探検にともない、ロシア関係の蘭書並びに翻訳書などを収集していった。収集された書籍や地図は、そこに定信らしい性格がでているのだが、検討整理されて順序づけられている。これが『秘録大要』に収められた「集書披閲之次序」である。「蛮夷の事をさと

るべし」として最初にあげたのは、次の書物であった。

　魯西亜志をみて、其国のやうすをしるべし

『魯西亜《ろしあ》志』は、奥医師桂川甫周（国瑞《くにあきら》）の著書で、大黒屋幸太夫らの取調べと平行して訳述されたものである。『魯西亜志』にかんして、鮎沢信太郎氏は、寛政七年の志筑忠雄訳『魯西亜志所録』を紹介された。わずか六枚の写本でロシア人のシベリア開拓を述べたものだが、韃靼はロシアに侵略されて、ロシア韃靼となった。このことは、「ヒブ子ルが地志セヲカラヒイに詳なり。桂氏（国瑞）かつて訳文ありて魯西亜志と名く、宜しく併せ見るべし」とある。つまり甫周の『魯西亜志』は、ヒプネルの蘭訳六冊本『ゼオガラヒ』中の「帝政ロシア誌」の抄訳だったとわかる。

　定信が閲覧の順序として、第二にあげた本は、

　セヲカラヒーとて、和蘭人の、おろしやの国の大概をかいたるものの和解也。尤、此書は万国の事をかきたるもの也。両人の和解《わげ》にて精を加ふ。

とある。「セヲカラヒー」とは、オランダ語〈geographie〉の字音で、地理学の意味である。しかし当時は、ヨーハン・ヒュプネル（Johan Hübner）の地理書を指した。原本はドイツ語版で、一冊本、

四冊本、六冊本とあり、すべて蘭訳され、わが国には蘭訳本が将来された。定信が所蔵したのは、蘭訳六冊本で、正式な標題を『一般地理学、または全地球の記述』(*Algemeene Geographie, of Beschryving des geheelen Aardryks*)といった。

定信は、『秘録大要』に「百兒西亜志」や「亜細亜諸島志」をあげる。定信の入手した『百兒西亜志』は山村才助の訳書で、ペルシアの名称・地形・住民・政治などを述べる。これは四冊本『ゼオガラヒ』の第四冊ペルシア王国(Het Koningryk Persie)の抄訳である。なお六冊本には、第五巻に同題の記述がある。また『亜細亜諸島志』は、四冊本『ゼオガラヒ』の第四冊モルジブ諸島(Maldivische Eilanden)からの訳出である。六冊本では、第五巻第六本に同題の記述がある。このほか松平定晴家所蔵の「ショカラヒー日本国説和解」は、未見であるが、標題から判断して『ゼオガラヒ』の日本諸島・日本帝国(Van de Japansche Eilanden, of het Keizerryk Japan)からの訳出であるといえよう。

文化四年(一八〇七)一二月、高橋景保は、天文方支配の若年寄堀田正敦から、蛮書をもって世界地図の製作を命じられた。景保のオランダ語を全面的に補佐したのは、馬場貞由(佐十郎)であった。そのとき「ヒブ子リユストイフ人ノ著撰輿地統載」、つまり六冊『ゼオガラヒ』を主として活用した。定信と堀田正敦との親交からみて、定信所蔵の六冊本であったにちがいない。『秘録大要』に載せられた蘭書、訳書、地図などをみれば、定信は北辺地理やロシア事情にかんして、蘭書に頼らざるをえなかった。定信は、文化一二年から一四年頃に『函底秘説』を著し、「泰平二百年只おそるべきは、蛮夷と百姓の一揆なり」という。「蛮夷」は、ロシアなど列強の外圧である。定信は文化年間末になっても、外圧を気にかけていたのである。

四、定信に禄仕した蘭学者

蘭学の有用性に着目した定信は、蘭学を禁止できない、と熟知していた。禁止すれば、かえって蘭学への好奇心がつのり、学ぶ者がでてくると考えたからである。定信はオランダの学術について『宇下人言』で、

蛮国は理にくはし。天文地理又は兵器あるは内外科の治療、ことに益も少なからず。

という。こうした考えは、すでに新井白石が形而下の学として、西洋学術の優越性を認めた延長上にあった。定信は白石著『采覧異言《さいらんいげん》』のみならず、これを訂正増補し、文化元年（一八〇四）幕府に進呈された山村才助著『訂正増訳采覧異言』も所蔵していた。定信は蘭書を功利的に利用し、幕政や民政の利益に役立てようとしたのである。ただ問題は、蘭学が民間に広がり、幕府の統制ができなくなり、蘭学の知識や情報をもって幕政への勝手な批判がおこることを憂慮した。蘭学はあくまでも幕府の統制下におくべきで、蘭書は「心なきものゝ手には多く渡り侍らぬやうにはすべきな

り」とし、蘭書のあり方を、

上庫にをき侍るもしかるべし。されどよむものもなければ只虫のすと成るべし。わがかたへかひをけば世にもちらず、御用あるときも忽ち弁ずべし

（『宇下人言』）

というのである。そこで長崎奉行に命じて、蘭書を購入するのだが、定信はその時期を「寛政四、五のころより紅毛の書を集む」と述べている。もっとも蘭書を収集したところで、翻訳する者がいないのでは意味がない。必然的に蘭学者を禄仕することとなる。

そこで蘭書を収集した寛政四、五年、森島中良と石井恒右衛門が定信に禄仕した。森島中良は桂川甫三国訓《くにのり》の次男で、兄は桂川甫周（国瑞）である。桂川家は代々、蘭方医学をもって幕府の医官として仕えた。福沢諭吉はのちに、桂川家について、「江戸は扨置き日本国中蘭学社会の人で桂川と云ふ名前を知らない者はない」というほどである。森島中良は、平賀源内から本草・物産学を学び、兄甫周から蘭学を学んだ。寛政六年（一七九四）、久々に江戸参府がおこなわれた。商館長ヘイスベルト・ヘムメイ（Gijsbert Hemmij）、商館医ケラー（B. Keller）、通詞は加福安次郎、今村金兵衛らであった。甫周は、かれらと対談したい旨を幕府へ申し出た。

松平陸奥守家来　　大槻玄沢
松平越後守家来　　宇田川玄随
松平越中守家来　　森島中良
酒井修理大夫家来　杉田玄白
奥平九八郎家来　　前野良沢

右は私蛮学同学之者に御座候。何れも蛮書之内、年来積疑も御座候間、紅毛人え直に質問仕候はゞ、後来考合相成候義も多く可有御座奉存候。不苦義に御座候はゞ、私対談之砌、右之者共一両人宛同道仕度奉存候。依之御内意奉伺候。以上。

寅　四月二十四日　　桂川甫周

（『西賓対晤』・静嘉堂大槻文庫）

これは、江戸の蘭学者らが、長崎屋源右衛門宅に宿泊するオランダ人と会い、蘭書のわからない事柄を質問したいとの伺書である。寅は寛政六年で、森島中良はこのとき「松平越中守家来」とあるから、定信に仕えていたとわかる。

中良は禄仕以前、天明七年『紅毛雑話』を著し、このなかに西洋銅版画製法を紹介した。定信の『退閑雑記』にも銅版画製法の項目「銅板鏤《る》刻《こく》」があるから、中良は禄仕後、定信にこの製法の一件を話していよう。定信は、銅版画についてかなりの知識があり、とりわけ防蝕剤について、ショメル百科事典（*Huishoudelijk Woordenboek*）の「腐蝕銅版画」から知りえた部分がある。これには同事典を見ていた中良の協力があったにちがいなかろう。少なくとも中良は、定信の命により寛政八年前後出府した亜欧堂田善に銅版画について教えていた、と考えられる。大槻如電によれば、寛政九年（一七九七）中良は「白河侯の禄仕を辞し」、桂川甫斎と改称した。

中良のほか、定信に禄仕した蘭学者は、石井恒右衛門である。阿蘭陀通詞馬田《ばだ》家に養子として入って馬田清吉と称し、通詞職を継いだが、天明六年（一七八六）に辞した。大槻玄沢は天明五年長崎に遊学し、本木良永、吉雄耕牛らからオランダ語を学び、翌六年三月江戸へ帰るが、このとき恒右衛門は玄沢に同行した。玄沢から江戸でのオランダ語教授を勧められたのかもしれない。恒右衛門は、江戸で稲村三伯、宇田川玄随らにオランダ語を教えた。やがて石井庄助と改名し、定信に禄仕した。その時期は、杉田玄白によると、

（石井恒右衛門は）天明の中頃、白河侯の家臣となれり。侯そのはじめを知り、ドドニュース本草を和解せしめ十数巻の訳説成れり。その業を卒《お》へずしてこれまた異客《いかく》となれり。

（『蘭学事始』）

とある。

これに対し、大槻如電は寛政四年壬子年（一七九二）の頃に「森島中良・石井庄助並に白河侯松平定信

に禄仕す」という。すると天明四年頃と寛政四年の両説がある。蘭学に関心を示した定信が、蘭書を積極的に収集したのは寛政四、五年であるから、恒右衛門の禄仕も寛政四年と考えた方がよいであろう。

定信が恒右衛門に命じたのは、レムベルトゥス・ドドネウス著『植物図譜《クライト・ブック》』(Rembertus Dodonaeus: *Cruydt-Boeck*）の翻訳であった。ドドネウスはラテン語名であり、表紙に「メッヘレンの有名な教養高き医師で、陛下直属の医者」とある。『植物図譜』はヨーロッパで好評を博し、オランダ語版で再版されたばかりか、ラテン語版もあり、英語・仏語にも翻訳された。定信の所蔵したのはオランダ語本であった。この豪華本はわが国でも人気があり、幕府の官庫にも、また市井の蘭学者にも所蔵された。恒右衛門はこれを『遠西本草攬要《らんよう》』として訳出した。恒右衛門は、宇田川玄真と対比されるほどの蘭語力の持主であったから、訳出の中心的存在であり、一部に森島中良の助力があったかもしれない。

このほか、わが国最初の蘭日辞典の作成も、恒右衛門の力に負うところが多い。稲村三伯は、フランソア・ハルマ著『蘭仏辞典』(*Woordenboek der Nederduitsche en Fransche Taalen*）の翻訳事業を企画したが、不十分な語学力のため、大槻玄沢を介して石井恒右衛門に依託した。恒右衛門の訳稿をもとに稲村三伯・宇田川玄随・岡田甫説らによって結実したのが、寛政八年（一七九六）出版の『波爾《ハル》麻《マ》和解』である。最初の蘭日辞典で江戸ハルマとも呼ばれた。出版にさいしては、定信の協力があったと考えられる。

寛政七、八年頃、定信は恒右衛門（庄助）に兵術・砲術書の翻訳を命じた。藩士の小栗久道が蘭書中の兵器に係わる部分を抜粋し、恒右衛門がそれを訳し、広瀬典が字句を修正した。これが『遠西軍書考』である。定信はオランダ語のアルファベットを習ったが、蘭書を読むことはできなかった。そこで蘭学者を禄仕させたが、その理由は、翻訳をとおして植物の主治や薬用、蠟燭の製法、銅版画製法、カノン（Kanon）やモルティール（mortier）砲の紹介など、実生活や海防に役立つ知識を得ることであった。

五、ラクスマンの来航と対応

蝦夷地の調査が継続されるなか、寛政四年（一七九二）九月、ラクスマン（A. K. Laksman）が伊勢の漂流民大黒屋光太夫、磯吉らを伴って根室にあらわれた。ラクスマンの目的は、わが国と通商を開くため、国書や贈呈品を持参し、かつ漂流民を江戸で引渡すことであった。この知らせを受けた松前章広は、ラクスマンを根室にとどめ、すぐ幕府へ報告した。この件について、定信は次のように述べている。

子年（寛政四）の冬、松前志摩守より訴ふ。蝦夷之地アツケシ之辺へヲロシヤの人船にのり来り、十二年已前漂流せし日本人伊勢国之住、幸大夫なるものをわたすべしとてつれ来。松前志摩守へ之状もありしとて出。ひらきみるに、ひとつは蛮字也。ひとつは本邦のかなにて書たり。松前志摩守さまへなどと書。幸大夫をおくりこすによて、江戸まで直に出、江戸御役人へわたし可レ申と之事也。もし江戸へ出候事、江戸之御さし図来三月まではまつべし、そのうへにもさし図なくば江戸へ直にのり来るべしとの事也。

（『宇下人言』）

返書が遅れれば江戸湾へ来航するとは、定信にとって大問題である。定信は三奉行に諮問し、尾張・水戸の両家へ相談し、老中の会議をふまえ統一見解をだした。国書、献上物を受けとらないこと、江戸での漂流民引渡しを拒否すること、通商の願いがあれば、長崎へ廻航することなどであった。寛政五年（一七九三）、目付石川忠房、村上義礼は松前に派遣され、同年六月ラクスマンと会い、幕府の決議や長崎廻航など、わが国の法規を伝え、同時に光太夫ら漂流民を引きとった。ラクスマンは長崎入港の信牌を得、六月末、松前を離れた。もっとも信牌を与えたことが、のちに大きな問題を引きおこすのである。

帰国後の光太夫らは、この年の九月将軍家斉臨席のもと訊問され、その内容は桂川甫周国瑞をして、問答形式で『漂民御覧之記』としてまとめられた。そればかりか甫周は、幕命により、光太夫のロシア体験をもとに、あわせて蘭書も駆使し、寛政六年『北槎聞略《ほくさぶんりゃく》』を著した。

さて、ラクスマンの通商要求、とりわけ幕政の中心地である江戸湾への来航は、幕府の基本である鎖国体制を覆す事件であった。江戸湾来航は、林子平が主張した江戸湾防備をより具体的な問題として定信に投げかけた。そこで定信自ら江戸湾防備のため、実地踏査にのりだすのである。

定信は、ラクスマンの要求に対し、「赤人直にも江戸へ来るべしといふは、江戸の入海の事なり。房相二総豆州は小給所多く、城などいふものも少なく、海よりのり入れば、永代橋のほとりまでは外国之船とても入り来るべし」と懸念した。寛政四年（一七九二）、定信は江戸湾防備について自ら建議した。江戸湾の防備は貧弱のため、小領主の多い伊豆・安房・上総・下総に大名を移封させて警備を任せ、かつ伊豆大島に船手番所を増設すべきとする意見であった。

寛政五年一月、勘定奉行久世丹後守、目付中川勘三郎らは、武蔵・相模・伊豆・駿河・安房・上《かず》総《さ》・下総・常陸《ひたち》の防備や海浜を巡視し、三月初めに帰府した。かれらの献言もあって、定信は自ら、伊豆・相模の沿海巡視を決意し、幕命のもと同五年三月一八日江戸を立った。絵師谷文晁が定信に随従した。一行は武州神奈川に入り、保土ケ谷・藤沢を経て、相模川・酒匂川を渡り、箱根芦ノ湖から狩野川水源へ行き、湯ケ島・下田を経て伊浜に着いた。巡見は各地で歓迎され、餅などがつかれた。一行は伊浜より戻り、下田から伊東・熱海をぬけて東へ向い、鎌倉・由比ケ浜・三浦をまわり、久里浜・浦賀・横須賀をとおって武州金沢へ到着。二〇日あまりの道程で、四月七日帰府した。

この巡視での成果は、定信の命により谷文晁の写生した『公余探勝図』二巻（図7）である。二巻の末部に、「寛政五年四月豆州相州海浜　御巡見時縮写之　谷文晁」とある。各図に地名のみならず、遠山・遠島の名称、村名、寺社名などを細字で記す。山丘・樹木・島嶼《とうしょ》などに明暗を入れ、

7．谷文晁　石廊崎（『公余探勝図』）絹本着色　1793年　東京国立博物館蔵

それらの投げかける水面や海岸に陰影を施し、連なる山々・入江・河川などを遠近画法によってまとめあげている。なかでも下田は五図も描かれ、はじめは稲生沢川にそって下田へ向かう一行をとらえ、やがて近づくと眼前に下田港が広がり、その後、海上の赤根島をとらえ、赤根島に接近したあと、同島付近より宇島を遠望する。下田を多方向から写実的に描いた五図は、文晁の遠近画法上の視点、並びに自己と対象物との距離をわからせる。もっとも下田は定信にとって、巡視前の建言でも巡視後においても、防備重視点のひとつであった。

谷文晁は西洋画の遠近画法や陰影法を駆使して、豆相の各地をいろいろ素描し、それらを基に浄写本として完成したのが『公余探勝図』であった。定信が、自ら公余探勝と名号したこの図は、東京国立博物館に所蔵されるが、かつて松平子爵家旧蔵品であった。

異国船の度重なる出没により、海防問題は幕府の刻下の急務となり、海防掛の創設が急がれた。海防掛は寛政四年、定信の海辺御備御用掛を嚆矢《こうし》としていよう。ロシア船の来航に対処し、対外問題を処理するためであった。詰まるところ、定信にとって海防対策は、諸藩の海防の備えと協力、江戸湾の防備、そして蝦夷地の防備であった。諸藩の海防の備えと協力に関して、定信は寛政四年一一月、海岸領地を有する大名に海防報告書提出令を出した。江戸湾の防備に関しては、定信自ら踏査し、文晁に『公余探勝図』の制作を命じた。『公余探勝図』は、まさに江戸湾海防の視覚的資料であったといえよう。

文晁は寛政年間、とりわけ西洋画を熱心に学んだ。文晁自らの学習欲もあったであろうが、背後に定信の西洋画法修得の命があった、と考えるべきであろう。というのは、定信はアルファベット程度のオランダ語を学習したものの、蘭書を読むことはできなかった。しかし蘭書に掲載された銅版画挿図を見て、蘭文を多少とも理解できた。「横文字しらざるものも、その画によりてその製度をも察すべけれ」という。定信にとって、絵画は文字と同様の役割を担い、「書と画をはなるべからざる」ものであった。定信の考えた西洋画の実利を具現した作品こそ、豆相の地勢を知らしめる絵図『公余探勝図』であり、これこそ海防用途としての海岸絵図の嚆矢といえるのである。

第八章　老中、将軍補佐の解任

幕府や諸藩の財政的危機のなか、松平定信は天明七年、寛政の改革をおこなった。改革の当初、定信の世評はかなり高かった。随筆『よしの冊子』に、

越中様より学問もよく武芸も能、又ハ利口発明にて画もかき人ノ気ニも入り、何もぬけめのないという様ナ大名も幾人もあれ共、万事行わたり人情を察し、軽きものめぐミ、御勘定をたて金銀米穀諸色ニ至て委く、誠ニ御勘定奉行も舌を巻計、自然と人の服し有がたがり、どふもこわく怖敷カワイクウマミノアル思ひ付ノアルハ越中守様（定信）だと申候よし

とある。しかし定信の好評も、そうながくは続かなかった。寛政元年頃から、改革への不満が出てきた。寛政三、四年になると、定信の政策にたいする武士や町人の批判が顕著となった。定信の仁政に関して、「理屈ニてハ至極《しごく》御仁政ニテ、下にも上にも益有ㇾ之様ニ御ざ候ても、実之処ハ却《かえっ》て差支《さしつかえ》」が多く、かつ「上下共ニ損失」も多大である、と批判した。さらに現実の政治は、朱子学

の理論と矛盾すると指摘し、その結果、定信の政策にたいし、次のように評価した。定信は素人の為政者であるから、「理屈でよい事ハ実ともニよいと、思召《おぼしめし》て被二仰《おおせ》出《いださる》一筈じゃが、迚《とて》もの事ニ此所を能御呑込被レ成て、書面の理屈と実とハ違ふ所の有事を、御呑込なさる様ニしたいものじゃ」との世評であった。

幕臣は、寛政元年の棄捐令に喜んだものの、すぐ社会的矛盾が出てきた。「武家ハ米価下直《げじき》ニ、其上蔵宿已前之通ニは金を貸不レ申、繰廻しニ差支候ニ付、小言を申候由」と『よしの冊子』にあり、米価の値下がりや札差から金を借りられないことに不満をつのらせた。そこで武家、町人は「此節ハとかく西下（定信）を御恨《うらみ》申候もの多御ざ候」といった状態であった。

庶民は、質素倹約の唱道や風俗取締りの厳しさに息苦しさなどを感じ、寛政の改革への批判が年々高まった。海防問題にしても、定信は、海浜を有する大名に海防報告書を提出させ、海防整備を急いでいたが、江戸湾防備は未完のままであった。蝦夷地の防備にしても、蝦夷地を火除地《ひよけち》として、開拓せずに松前藩に託すとする定信案は、寛政二年に承認されたものの、開拓を唱える本多忠籌と対立した。つまり幕閣の首脳部にも、亀裂が生じたのである。かつ大奥の定信への不満などが渦巻くなか、定信は解任に追いこまれた。

定信は、退職の機会をつねに考えつつ、しばしば辞職願を書いた。老中に就任した天明七年秋、およそ一年後の退職を考えて、辞職願を出した。また寛政四年八月、定信は将軍補佐・勝手掛・奥勤めの辞職を願いでた。将軍補佐の辞職は、将軍家斉が二〇歳になったためであり、勝手掛と奥勤めの辞職は、「金穀之柄」（権力）が定信一人に集中することを避けるためであったろう。このとき定信の辞任が認められたのは、奥勤めのみである。寛政五年五月、定信は、松平信明に辞職願を再び提出した。もっともこれは辞職願でないとする説もあるが、肝要なのは「御用相済次第、早めにも退出仕候様、奉心願候」という点であった。つまり、用がすんだらはやく退出したい、という願文である。しかし「姑《しば》らく見合わせ候へ」との回答で、願いは認められなかった。定信は再度、辞職願を提出し、その結果、寛政五年（一七九三）七月二三日、定信は将軍補佐役・老中職を解任された。竹内誠氏の「老中松平定信の解任事情」（『東京学芸大学紀要』）によると、解任の件を前日に知った定信は、「殊之外《ことのほか》立腹」し、承諾するかわりにいろいろな条件を本多忠籌《ただかず》に出し、少将昇進と老中の詰所、御用部屋出入りの件を認めさせたという。そもそも定信の辞職願は、大老など役職の昇進を意図したもので、却下されることを前提としていよう。役職の辞任にしても、支配的権力が定信個人に集中することを避けて分権体制を実現するためであった。

定信が解任されると、松平信明が老中首座となった。当時三四歳、勝手掛であった。このほか老中は、松平乗完《のりさだ》、戸田氏教《うじのり》、寛政五年に鳥居忠意《ただおき》にかわって老中となった太田資愛《すけよし》、そして奥勤めの本多忠籌である。五名の新政権であったが、松平乗完が寛政五年八月に死亡し、四名体制となった。乗完のあと老中に就任したのは、若年寄の安藤信成である。

定信罷免後、新政権は財政や民政の機構を改変した。しかし定信の改革路線は、大所高所からみれば、松平信明ら、いわゆる寛政の遺老に継承された。寛政六年（一七九四）、五か年の倹約令がおわる年であったが、幕府はさらに一〇か年の倹約令を発し、従来の政治路線を踏襲した。幕閣の人事に関しても、定信政権下で採用された人物が、対応や処置の変更、意見の対立は生じても、要職に留任していた。ただ蝦夷地や江戸湾の海防策は、定信の火除地論《ひよけちろん》は退けられ、幕府の直轄下での蝦夷地開発やアイヌの和風化へと進んだ。しかし、定信の海辺御備御用掛や異国船渡来の処置などは、かたちを変えたが尊奉されたのである。

海防問題に老中を執着させたのは、寛政八年（一七九六）の英船プロヴィデンス号の絵鞆《えとも》への来航であり、かつ翌年、再び江戸湾近くにあらわれたことであった。こうした外患に対し、将軍家斉は勝手掛の順次制をやめて、松平信明《のぶあきら》を老中の中核とし、勝手掛を一元的にさせ、体制をひき締めた。信明は享和三年（一八〇三）老中を辞任するが、翌年レザノフが来航し、かつロシア船が会所を襲撃すると、定信の将軍への助言のもと、老中に再任された。定信の政策は、改変されつつも、改革の路線は、寛政の遺老により文化期まで継承されたのである。

第九章　好古癖と美術

一、『集古十種』の刊行

松平定信は、寛政四年（一七九二）頃から『集古十種』の構想をもった。『論語』の温故知新を唱える定信は、わが国の重宝を自らまとめあげることにより幕府の威信を示そうとした、と思われる。こうした定信の態度は、『寛政重修諸家譜』の編纂にもみられるのである。

天明八年（一七八八）正月、京都が大火にみまわれ、神社仏閣や公家宅のみならず、御所も焼失した。御所の再建修復は、幕府の仕事であった。松平定信は翌二月に、幕府の任務として、仮御所造営のために勘定奉行を京都に送り、京都の町人に金穀を放出し、行在所の警護や焼死体の処理などを指図したのである。

定信は、同八年三月に御所造営の総責任者に命じられ、御所造営と現場の惨状視察をかねて五月九日に江戸を立ち、中仙道を経由して京都に赴いた。二二日に京都着、二三日に火災にあった二条城を視察、二五日に聖護院にある仮御所に参上、翌日御所の焼失跡を巡視、五月末に大坂にむかい、六月下旬江戸に戻った。

定信は京都で、関白鷹司《たかつかさ》輔平《すけひら》と御所造営について話しあった。

御造営之義いづれ御失費はかりあるべからず。ことに復古之思召しきりなれば、いかやうなる御沙汰に可レ被レ及もしれざれば、関白殿（鷹司輔平）に謁見してその事のわけくはしくいはむと庶《しょ》幾《き》す

（『宇下人言』）

定信は、鷹司輔平から丁重にもてなされた。建造にあたっては、「紫清両殿御復古之義被二仰出一たりとて画図なども見、いづれも御費用など夥しき事と察し奉りぬ。」とあり、定信は造営にかなりの費用がかかるとみていた。

定信にとってみれば、幕府の財政は苦境にあり、財政再建のために寛政の改革をおこない、今その真っただ中にいる。そんな状況の中で、御所造営に多大な費用をかけるわけにいかない。しかも定信は奢侈を諫《いさ》め、質素倹約を旨とするから、節約したい気持は言うまでもない。そこで古式を踏襲し、壮大な御所造営を望む朝廷側になんども規模の縮小を求めたのであった。

定信の造営経費の節減方針は、絵師の採用においても貫かれた。幕府の絵師を江戸より京都に送

りこむより、京都の町絵師に依頼すれば、旅費も画料も安くすむ。ただ大内裏《だいだいり》の正殿である紫宸殿の賢聖障子《けんじょうそうじ》のみは、幕府の絵師が制作することとし、それ以外は京都の多くの町絵師に担当させたのである。賢聖障子の制作は、幕府の奥絵師が伝統的に継続してきたし、絵師にとって格の高い仕事であった。

賢聖障子は、紫宸殿の母屋と北廂《きたびさし》をへだてる障子で、九枚中、東の四枚と西の四枚に中国三代から唐代までの聖人・賢人三二名の図像を描き、この図柄を伝統とした。賢聖障子制作の任にあたったのは、最初狩野栄川であった。狩野栄川は、名を典信《みちのぶ》、白玉斎とも号し、安永六年（一七七七）竹川町から木挽町の土地をえて移転した木挽町狩野の絵師であった。安永九年（一七八〇）法印に叙せられ栄川院と称した。栄川は、賢聖障子の下絵を描きあげたが、寛政二年（一七九〇）八月、六一歳をもって病死してしまった。栄川が病死したとは言え、賢聖障子制作の任は、栄川の弟子狩野養川（惟信《これのぶ》）にひき継がれなかった。

定信の幼少のころの近習であり、年を加えても定信から信任された水野為長は、『よしの草子』を著すが、ここに

賢聖御障子画、洞春住吉へ被二仰付一候由。

極彩色ニ懸り候てハ十分住吉よろしかるべき由。

とある。すると栄川の後任は、駿河台狩野の洞春美信《よしのぶ》と住吉派の住吉広行であった。栄川の弟子狩野養川については、「養川名人ニ候へ共、只利口の絵にて中々父にハ及申間敷由」とある。「利口の絵」は、ここで批判的に使われていようが、ただ手先だけで写しとる器用な画家という意味であろうか。ともあれ養川は、栄川に及ばぬ画家として低くみられた。この養川は、洞春美信にたいし陰口をたたいた。

此度右之絵被仰付候当日、わざ〳〵養川奥より出候て住吉ニ逢、何卒貴様ニ被仰付様にしたい。洞春ハ一体賢聖の旨ニ合ぬ男也と申候由。さすれバ少々姦物《かんぶつ》にも可レ有レ之哉、とさた仕候由。

狩野洞春は、駿河台狩野の第四代で、温柔華麗な様式に定評があるが、「賢聖の旨ニ合ぬ男」というのである。なぜ「合ぬ男」なのか、その理由は必ずしも十分説明されていない。栄川の下絵については、「住吉方へ栄川院の下絵も下り、且又先年御絵形も相下り候由。住吉先年の御絵形此度栄川院の下絵を致拝見、中々此位の御下絵ニハ負ハすまいと申居候よし。」とある。

「賢聖障子画」の以上の内容が、どこまで真実か、明言できない。「賢聖障子画」の項目は、末尾を「由のさた」で閉じる。これのみならず、どの項目も、「よし」、「さた」で終わる。だからこそ標題を『よしの冊子』と言うわけで、不特定多数の噂《うわさ》話をとりあげた随筆なのである。桑名藩の家臣で、定信と親交した田内月堂が、『よしの冊子』と命名したが、その月堂自身が、この随筆にはにわかに信じがたい記述がかなりある、という始末である。それが「賢聖障子画」の項とは断定できないが、養川の洞春美信への陰口などは、他の資料をもって論証することが必要かもしれない。

さて賢聖障子の下絵であるが、栄川の最初の下絵は、古式の儀式・礼儀などの史料にてらし問題があった。鎌倉純子氏の調査報告（「寛政度御所造営における賢聖障子の製作過程について」）によると、寛政二、三、四年の三本の下絵があるらしい。柴野栗山は、最初の栄川下絵で、賢人の冠・衣服などの点に不満があった。そこで栗山と住吉広行は考証をかさねて第二本の下絵を制作した。この広行の下絵に対し、文章博士《もんじょうはかせ》と栗山との論議考証により、寛政四年に第三本の下絵ができあがったとされる。

栄川の後任となった住吉広行は、賢聖障子を江戸で制作し、できあがった作を寛政四年九月、京都に送った。御所造営は寛政元年二月に着手され、翌二年八月に完成し、天皇は同年一一月に聖護院から新しい御所に移った。したがって寛政二年一一月には、賢聖障子を除いてほとんどの障壁画はできあがっていた、と想像される。

寛政四年（一七九二）一〇月、柴野栗山、住吉広行、屋代弘賢《ひろかた》は京都にむかった。言わずもがな、御所の賢聖障子を視察するためである。しかし同時に屋代弘賢は紀行文『道のさち』の序で次のように述べている。


都近きあたりに、ありとある古き筆の跡、うつしたてまつれとのことなり。されば絵は広行に、手はそこもと（屋代弘賢）にと思ひかまへたるときこゆ。

すると賢聖障子の観察のほか、京都近在の諸社寺の什物を調査する命もあり、その分担は住吉広行が絵画、屋代弘賢《ひろかた》が書蹟であった。

松平定信は、栗山らの一行に何故諸社寺の調査を命じたのであろうか。寛政四年の定信は、老中首座、将軍補佐役として内政・外交に多忙をきわめた。これらの職掌を解任されるのは、翌五年（一七九三）である。罷免後、定信の著しい業績のひとつは、『集古十種』の編纂である。公刊は寛政一二年（一八〇〇）であるが、定信は寛政六年頃から、谷文晁をはじめ、定信周辺の絵師を各地に派遣し、『集古十種』のための取材を具体的におこなわせた。寛政四年の柴野栗山一行による西上は、『集古十種』編纂の嚆矢《こうし》と考えられる。書蹟や古画の模写を命じたり、また一行の調査記録である『寺社宝物展閲目録』を見ても、古物調査が目的とわかり、それをわが国の「故実の証拠」としている。

栗山、広行、弘賢ら一行は、賢聖障子を視察後、京都・奈良の諸社寺の什物を調査した。一一月三日の東寺をかわきりに京都の諸寺をめぐり、同月二〇日から法隆寺など奈良の諸寺にあたった。扁額・印章・硯・古画・楽器などを模写し、調査不十分のものは、再度江戸に送るよう指示した。栗山ら一行の調査をかわきりに、やがて寛政四年（一七九二）定信付の絵師となった谷文晁が、調査に参入することにより、『集古十種』の内容はいっそう充実した。

文晁は「好事好古の癖」があり、定信をして、「おさなき頃より諸国を遊歴して、我国において行みざる国は四五ヶ国に過ず」と言わせるほどであった。寛政五年（一七九三）老中職を免ぜられた定信は、翌六年、白河帰藩を許された。同年五月帰藩のさい、文晁は定信に随行した。江戸を出立した一行は、古河で休み、小山で宿をとった。このとき文晁は、小山の天王院什物を見学したい旨を願い出、文書・兜・軍扇などを模写し、「好事好古」の趣味を定信にみせたのである。

寛政六年八月、文晁は、定信の代参として塩竈神社へ行く鵜飼貴重に従い、仙台・松島・平泉を訪れた。この奥州旅行でも、文晁は拓本をとり、什物を調査し、また古い琵琶を買い定信に見せた。文晁と鵜飼両人の「かへりて持きたるものは、石あるは松子、または碑の摺たるなんどにて、風流に心なきものは塵あくた拾ひあつめて持きたりしといはめとて、わらひあひぬ」と『退閑雑記』にある。この文章は、文晁の好古の性格をよく示していよう。

寛政八年（一七九六）六月、文晁は什物調査のため、定信の命により西遊した。文晁に同伴したのは、当時昌平黌で学んでいた白河藩の儒者広瀬蒙斎《もうさい》（政典、典）と文晁の弟子喜多武清であった。一行は中山道を通って京都に入り、六月二三日大徳寺についた。

調査対象となった什物の二、三例をあげてみよう。六月二四日、文晁は国学者橋本経亮《つねすけ》、京都の土佐派の絵師田中訥言《とつげん》らと高山寺へ行き、「鳥羽僧正筆戯筆四軸」を見学した。これは覚猷《かくゆう》こと、鳥羽僧正作とされる国宝「鳥獣戯画」である。

七月一三日、文晁は大徳寺へ行き、龍光院で牧谿《もっけい》の「栗・柿図」「利休添状」を模写した。大徳寺方丈では、「牧谿筆三幅中観音左右龍虎　大幅　牧谿筆猿鶴　二幅」を模写した。これは当時、五幅対とされていたが、今日では三幅対とされる国宝「観音・猿・鶴図」である。

七月一八日、文晁は石山寺へ行き、同寺の縁起などを見学した。のちに定信の命により石山寺縁起絵巻を補完する。

七月二五日、大坂の木村蒹葭堂《けんかどう》、升屋平右衛門を訪れた。ともに古画・古書・珍品物などの収集で広く知られた大坂の豪商である。文晁は、西洋の珍品を見学するばかりか、西遊中両宅に、なんども足を運んだ。

九月から一〇月にかけ、文晁は大坂から奈良へ行き、元興寺・興福寺・薬師寺・法隆寺など、南都の諸社寺をめぐり、取材調査にあたった。南都の調査をおえた文晁は、大坂にもどり、蒹葭堂をたずね、江戸に帰ったのは、一〇月であった。

寛政九年（一七九七）、文晁は江戸にて、『集古十種』のための調査や編纂に従事した。おもに白河藩邸においてであったが、二、三例をあげて文晁の様子をみてみよう。

三月一一日、法然上人絵伝三巻を見学。五月一七日、桑名藩邸でドドネウス著『植物図譜』を見学。六月一四日、白河藩邸で藤原鎌足像と多武峰縁起を見学、模写。六月二一日、黄公望の山水画などを鑑定。七月四日、白雲らの模写した称名寺の十二神像一二点を見学。八月五日、古筆了意《こひつりょうい》所蔵小倉色紙書付の見学などである（以上『過眼録』）。

文晁は西遊のみならず、定信の命のもと鎌倉方面の什物調査にもでかけた。何年の調査かは不明だが、五月末から六月初めの紀行録『文晁好古紀行』である。正確に何年と断定できなくとも、おおよその見当はつく。文晁が奉一〇〇俵で松平定信付となったのは、寛政四年（一七九二）三月である。寛政一〇年冬、文晁は白河で『集古十種』の諸資料を編纂していたであろう。すると五月末から六月初めの紀行録『文晁好古紀行』は、寛政四年から同一〇年の間に録されたことになる。このうち寛政八年は五月に西遊し、寛政九年は五月に既述のとおり江戸にいたから、この両年は省かれる。したがって『文晁好古紀行』は、寛政四年から七年の間、または寛政一〇年の調査記録であろう。

谷文晁は、寛政六年に奥州方面へ、寛政七年に京坂から高野山熊野をまわり、寛政八年に西遊し、寛政九年に江戸に送られてきた書画類を鑑定調査し、かつ鎌倉へも調査に出かけた。まさしく『集古十種』のために、八面六臂の活躍であった。『集古十種』は、寛政一〇年冬にほぼできあがったが、畿内での見落された什物や調査不足などがあり、かつ西国の什物が調査されていなかった。そこで定信は、白雲を西上させたのである。

谷文晁のほか、『集古十種』編纂事業に奔走したのは、白雲と大野文泉であった。白雲は浄土宗の僧で、法諱を当初は良善、のちに逸誉と変えた。白雲は画名で、別号に閑松堂、松堂、竹堂、蝸《か》牛庵《ぎゅうあん》などあり、閑松堂は定信からおくられた堂号である。出生地、幼少期は未詳だが、須賀川十念寺過去帳に、

当山拾九世本蓮社良善上人法阿白雲教順和尚
右白雲ハ画師ニ而越中公之請ニ依リ浄専寺（常宣寺）へ転住ス、後ニ秋田六郷本覚寺へ転住本覚
ニ而逝《ゆく》

とある。白雲は寛政元年（一七八九）、十念寺一八世良進のあとを継ぎ、一九世住持となった。

白雲は十念寺住持時代、定信の命のもと金沢、鎌倉方面の調査にあたった。寛政九年（一七九七）六月、七月にかけてである。白雲に同行したのは、喜多武清《ぶせい》と子乗《しじょう》であった。名を武清、字を子慎、号を可庵と称した喜多武清は、文晁から教えをうけ、壮年にて一派をなし、古画をよく鑑定したばかりか、秀作を常に臨摹《りんも》して蓄蔵した。安政三年、八一歳にして没している。模写や鑑定にすぐれていたため、文晁から推挙されて同行した、と考えられる。もう一人の子乗とは、誰であろうか。今もって不詳の人物である。

白雲は金沢・鎌倉・江の島の諸社寺の鐘銘、扁額、碑銘、燈銘、古画などを調査模写し、各地の風景図を描き、また富士山に登り、山頂図などを描いた。帰府後、それらを浄写本としたのが『天然自賞』である。帰府した二、三日後の七月四日、調査旅行中に模写された金沢称名寺の十二神像図が、定信や文晁らに見せられた。白河藩邸での検分であったことは、まず間違いなかろう。『天然自賞』に描きとめられた称名寺・瀬戸三島社・鶴岡八幡宮・建長寺の鐘銘、円覚寺・江島弁才天上之宮の扁額などが、『集古十種』の鐘銘、扁額にも採録された。

白雲は寛政一一年（一七九九）と同一二年、定信より西遊を命じられた。寛政一一年二月、白雲は定信に随従し、文晁らとともに江戸へ行き、翌三月、大野文泉と西国へ旅立った。神奈川、酒匂川、箱根、由井、天龍川、桑名、鈴鹿山脈をこえて大坂に着き、四月一八日、蒹葭堂宅を訪問した。その後八月中旬まで南都、紀伊をまわり、大坂へ戻った。大坂より山陽道を西へ進み、一ノ谷、塩屋を経、渡海して高松から丸亀へ行き、再度渡海して下津井へ行き、岡山に着いた。岡山より伯耆《ほうき》（鳥取県西部）、米子城を見学。一〇月二〇日大坂へ戻り、蒹葭堂宅に数日間滞在し、一一月江戸へ帰った。

寛政一二年四月、白雲は文泉と再度、西国へ向った。江戸より中山道を通り、妙義山、浅間山、善光寺、松本を過ぎ、美濃、近江へ出、瀬田をぬけて京都に着き、閏四月八日大坂へ行き、蒹葭堂を訪れた。その後、山陽道を西へ進み、姫路をぬけ、備後国神辺の廉塾（菅茶山の黄葉夕陽村舎の改称）を訪問。芸州厳島、尾道、周防室積《すおうむろずみ》（山口県光市の旧港）に至り、周防を調査。大坂へ戻り、蒹葭堂宅を基点として畿内を調査。一〇月、大坂より江戸へ帰った。

白雲は、西遊中、東海道・中山道・山陽道など、各地の真景図を西洋遠近画法をもって描いた。しかし、これらの真景図はあくまで西遊での副次的な所産であり、主目的は、『集古十種』のための調査と再録であった。とりわけ白雲は諸社寺の古瓦・古鏡・古銭・印章などを拓本とし、それらを収集して『拓本帳』をつくった。そのうちの二十数点が、『集古十種』の銅器・碑銘に採録されている。

寛政一二年（一八〇〇）、『集古十種』は版本として刊行された。十種は碑銘・鐘銘・兵器・銅器・楽器・文房・印章・扁額・書・画である。このうち兵器は甲冑・旌旗《せいき》・弓矢・刀剣・馬具に、書は弘法大師真蹟七祖賛と定家卿真蹟小倉色紙に、画は古画肖像・名物古画・雪村所摹牧谿玉澗八景に分けられる。全八五冊からなる図録で、「寛政十二年春正月」の広瀬蒙斎（典）の序がある。

定信は、老中職にあった寛政四年頃から『集古十種』を構想し、老中職を退いた寛政六年から『集古十種』編纂事業をより具体的に始動させた。そして寛政一〇年冬、集めた資料を白河で整理し、ほぼ完成の道筋をつけた。しかし、まだ修正し補足すべきものがあった。そこで寛政一一年、一二年に畿内・山陽道方面の調査にあたらせ、寛政一二年に出版のはこびとなったのである。

調査にあたっては、谷文晁が中心となり、これに白雲と大野文泉が加わり、さらに喜多武清と子乗が協力した。『集古十種』は、寛政一二年に完結したわけではない。序に「所蔵之題記有可疑者姑《しばらく》以収入、後得善本、則更正之」とあり、調査の続行を表明している。『集古十種』は、寛政一二年以降も出版され、森銑三氏によれば、「享和年中か、遅くも文化の初年までに」全八五冊を刊行しおえたとされる。

二、「石山寺縁起絵巻」の補完

松平定信は、「予は古き文書、又は画図、古画、古額など写しおくことをたのしむ」と言うくらいだから、古美術に関する興味は、並み並みならぬものがあった。

定信の好古趣味は、『集古十種』のみならず『古画類聚』においても感じとれる。もっとも『古画類聚』は、『集古十種』の後編とか続編とも言われるから、ともに同類の著作であった。『古画類聚』は人形・服章、宮室、器財、兵器の四部門からなり、「年中行事の絵ありてこそ、宮殿服章器財なんとの製も章々《しょうしょう》として明かなる」（序文）というように、絵画に「文筆のかけたるをも補」う役割がたくされた。そして、この類聚の成立過程について次のように述べている。

かくまてとうとき絵の幸にいまの世まて伝る事にて侍れは、その絵の巻々抄写して門類をわかちをきたらむにハ、好古の人のかうか（考）へのたよ（便）りにも成侍らむものをと、年ころ心にかけて、かしこにもとめ、茲にこ（請）ひてかきあつむるにそ、ついにあまたの巻とはなり侍りぬ。名つけて古画類聚という。（中略）寛政七つのとし葉月三日

絵巻や古画の部分を模写し録した『古画類聚』は、寛政七年八月三日、すでに編纂されはじめていた。定信は、絵画による古物の理解や活用を考えたから、この類聚には、『集古十種』に収録された資料と重複した箇所がある。類聚で使われた古画は、絵巻や肖像画が多く、例えば「春日権現験記絵」、「石山寺縁起絵」などから図柄が採拾され模写された。

松平定信は文化年間、古物保存のため絵巻の制作に熱心であった。「北野天神絵巻」、「春日権現験

記絵」、「平家物語画図」など、多くの絵巻の模写制作を命じた。「石山寺縁起絵巻」の制作も、そうしたなかでの一点である。

「石山寺縁起絵巻」は、奈良時代の良弁《ろうべん》僧正が、石山寺を開基してから南北朝に至るまで、六百年あまりの石山寺の事蹟、本尊観音菩薩の霊験談・利生《りしょう》談を描いた絵巻である。巻一は五段、以下巻二より巻七までは七段、三段、六段、四段、四段、四段で、合計三三段からなる七巻本である。

この絵巻に関しては、梅津次郎氏が「石山寺絵考」(『美術史』)を昭和二七年に発表され、以後、この絵巻研究の基本的論文となり、ここでもこの論文をお借りした。「石山寺縁起絵巻」巻一の序に、

> 大慈大悲《だいじだいひ》(観世音菩薩)分身応化《おうげ》の数に擬して三十三段満足所求の篇をたつ、文字其詞《そのことば》を勒《ろく》す、凡《およそ》聖本へたつることなし、画図其形をあらはす、賢愚《けんぐ》ともに見つへし、披閲《ひえつ》之処後素のいたつらなる翫《もてあそぶ》といふことなかれ、巻舒《けんじょ》之時すへからく中丹《ちゅうたん》のふかき心を観すへし、于時《このとき》ひとり楽浪(近江国)大津宮に霊験無双の伽藍あることを記するのみならす、聖化正中の暦、王道恢弘《かいこう》し仏家紹降《じょうりゅう》せることをしらしめむとなり

とある。すると三三段からなる絵巻の絵詞は、正中年間(一三二四—一三二六)にできあがり、したがって「石山寺縁起絵巻」七巻は、正中年間に制作されたことになろう。しかし現在、巻一、二、三、並びに巻五が鎌倉時代の制作、巻四が室町時代の補写、巻六と巻七が江戸時代の補写とされる。

全三三段は、最初に詞書があり、それを絵画で解き明かす形式である。

巻一は、良弁僧正が石山の地に寺を建立する。石山寺は天平勝宝元年（七四九）良弁の開基で、勅願寺として朝家の信仰をもつ。延暦二三年（八〇四）、石山寺は常楽会《じょうらくえ》にあって勅願の盛大な儀式をおこなう。また宇多法皇は石山寺にしばしば参詣し、法皇の堵列《とれつ》が琵琶湖を背景として描かれる。

巻二は、愚鈍で醜い少年である宮中の内供奉《ないぐぶ》、淳祐が、石山寺本尊に祈り修業することにより、知恵をさずかり美男子に生まれかわった話である。また康保年間、天禄元年（九七〇）、寛和元年（九八五）に源順《みなもとのしたがう》、右大将道綱の母、円融《えんゆう》上皇らが、石山寺にこもって祈願する話。このほか石山寺の古池の龍と歴海和尚の話や石山寺領内の動物殺生禁止の話などを描く。

巻三は、正暦三年（九九二）、東三条院の石山寺詣《もうで》からはじまる。公卿・騎馬武者・舎人《しゃじん》・供奉《ぐぶ》らの堵列《とれつ》が、周辺の見物人を加えて詳細に描かれる。東三条院は長保三年（一〇〇一）、再度石山寺に詣でるが、ここでも堵列並びに本堂内陣の様子を描く。また菅原孝標《たかすえ》の娘が石山寺に参詣し、菩薩の霊験をうける話もある。

巻四は、紫式部が、石山寺にて『源氏物語』を書いたと伝えられるが、その紫式部が「源氏の間」より遠望する姿を描く。寛仁三年（一〇一九）、後一条天皇は石山寺に荘園を寄進したが、万寿三年（一〇二六）病に伏せた。朝廷は石山寺に勅使を送り、座首の深覚大僧正の加持祈禱により、帝が全快する話である。深覚大僧正は、翌万寿四年にも、若き後朱雀天皇の熱病を祈祷により平癒させる。承暦二年（一〇七八）、石山寺が火災に見舞われたとき、本尊は堂内より飛び出し、池中の島にある柳にかかって助かった話。平等院の行尊僧正が、石山寺に参詣し、ある日、夢からさめると口に樒《しきみ》（仏に供える木）の枝をくわえていることに気づき、以後すべての願いが成就された話でおわる。

巻五は、藤原国能《くによし》の妻が天治年間（一一二四―一一二六）、石山寺にこもり祈念すると、観音があらわれ如意宝珠を賜る。宝珠を持って帰ると、夫との仲はうまくいき、子供を授かり富裕になったという話からはじまる。久安四年（一一四八）、藤原忠実が、長年の仏の利生に感謝し、石山寺に荘園を寄進する話。また領地争いの訴訟で院宣を得た東国武士が、安心して帰国するさい、勢（瀬）田川に院宣を落す。しかし石山寺に祈念すると、宇治川の辺で魚を買うよう、お告げを受ける。大鯉を買って腹を切ると、なかから院宣が出てきたという不思議な話である。伊勢国の長者が娘の癩病を治そうと、石山寺にこもり祈念する。すると娘は、瘡痕《そうこん》のないもとの肌にもどった、という話でおわる。

巻六、巻七の内容は後述するが、巻一から巻五までと同様に石山寺の霊験談である。

さて、「石山寺縁起絵巻」を鑑定したのは、前述したように幕府の絵師住吉広行であった。広行の鑑定によれば、

巻一、二、三　詞書・石山寺座主杲守《こうしゅ》僧正
　　　　　　　絵　・高階隆兼《たかかね》

巻四　　詞書・三条西実隆《さんじょうにしさねたか》
　　　　絵　・土佐光信
巻五　　詞書・冷泉為重
　　　　絵　・粟田口《あわたぐち》隆光

となる。住吉広行は自ら絵筆をとる画人であり、かつ住吉家のなかでも、広行はとりわけ鑑定にすぐれていた。したがって、この鑑定はかなり信頼がおけるであろう。

定信が「石山寺縁起絵巻」に接したのは、前述した御所造営のため京都に赴いたときであった。もっとも造営のためといっても、「京にも十日ほど居たりしが、参内など之いとまには名地など巡見して古物もとめてうつしかへりし也」(『宇下人言』)とあって、旅行中も古画の調査や模写をしていた。そのひとつが、石山寺であることは言うまでもない。

定信は天明八年五月二一日、つまり京都に着く前日、石山寺に詣で、同寺の什物を見学した。このとき定信は、古縁起の模写を申込んだらしい。申込み以後の経過に判然としない点もあるが、石山寺の尊賢僧正は、縁起の模写の要望に応じ、谷文一、星野文良、蒲生羅漢をうけ入れた。享和三年(一八〇三)七月である。

谷文一は、薬研堀の医師利光寛造の子で、文晁の養子となって谷家を継ぎ、このとき一七歳であった。

星野文良は白河出身で、巨野泉祐から画を学び、江戸に出て文晁から教えをうけた。定信のみならず定永にも仕え、伊勢桑名に移封されると、桑名藩絵師となった。

蒲生羅漢は白河の出身で、藤豹《とうひょう》とも号し、文晁に師事した。縁起模写のとき、二〇歳であった。

文良の出生年は不詳だが、文一、文良、羅漢は、三人とも二〇歳前後の若さと思われ、文晁配下の絵師である。三人は、定信の命のもと岡本茲奘《しそう》を介し、文晁より選出された、と考えられる。三人を統括する岡本茲奘は、定信の近侍で、画も能くした。茲奘は、定信の行状記といえる『感徳録』を著すが、その副本として白河藩下屋敷浴恩園の真景図、白河藩松平家抱屋敷六園《りくえん》の全館真景図などを描いている。

文一、文良、羅漢は八月上旬に石山寺へ行き、一〇月末に模写を終え、原本と比定して一二月に立ちのいた。このとき尊賢僧正は、「石山寺縁起絵巻」巻六と巻七の絵画の補作を岡本茲奘に頼んだ。両巻とも、詞書のみで絵画が欠損していたのである。

定信はこの要望に応《こた》え、両巻の補作を谷文晁に命じた。文晁を抜擢した理由を、多くの先学者は、あくまでも模写を重視したためとしている。確かに文晁は、西洋画をとおして写実描写を学びとり、全国の諸社寺の什物を即物的に写生するなど、模写の技量に優れていたことは間違いない。しかし「石山寺縁起絵巻」は、様式的区分からすれば、大和絵の範疇に入り、文晁より住吉広行、板谷慶意の方がふさわしい。かれらとて大和絵の絵師として、公家の服飾・調度など一切のものを伝統にしたがって忠実に模写する力量は、文晁に劣らない。それでも定信が文晁を選んだのは、広行よりも文晁身近な存在であったからであろう。定信は、補作のさいの描写に関して、「一草一木たりとも文晁が私意を禁ぜられ」（相見香雨「石山寺縁起　修顚末」）たという。つまり文晁は、私的解釈を入れずに模写に徹するよう命じられた。新図に関しては、定信が自ら指揮し、図柄に関しては、古い絵画や絵巻から選び出して流用するという方針であった。文晁は、文一、文良、羅漢《らかん》の三人が絵巻巻五までの模写を終えたあと、巻六、巻七の補完制作をはじめ、文化二年（一八〇五）一二月に完成させた。

文晁は巻六、巻七の補作にあたり、「専《もっぱら》春日験記等の古画」を参考とした。『訂正増補考古画譜』巻一に次のようにある。

是は白川少将入道楽翁、文化の頃、寺主の需《もとめ》に応じて雅章卿のかゝれし詞書のありしに合はせて、新に図を製りて、文晁に画がゝしめ、二巻となして本編に補続せられしなり、其の図は専春日験記等の古画に拠るといへども、まゝ新意を出したり、文晁画カ精絶、実に古人に恥ぢずといふべし

文晁や定信が、「春日権現験記絵」を参照した理由は、「石山寺縁起絵巻」巻七の定信による跋文中に、

今審首三巻筆意、勍健《けいけん》自在《じざい》与春日験記同一描法

とある。住吉広行の鑑定により、「石山寺縁起絵巻」巻一、二、三の絵は、高階隆兼《たかかね》の作画であり、巻三までの筆意は、強く束縛がなく伸びやかで、「春日権現験記絵」の描法と同じだという。もっとも「春日権現験記絵」は、高階隆兼によって描かれた絵巻であり、西園寺公衡《きんひら》によって発願され、春日大社創建の由来や霊験を九三段にわたって描いた鎌倉後期の作である。個々の対象物は精細に描写され、しかも色彩は華麗である。「春日権現験記絵」は、しばしば模写されたが、そのひとつに通称桑名本と呼ばれるものがある。これが、文化四年（一八〇七）の定信による模写本である。定信は、この最終巻に次のような識語を載せた。

春日権現験記廿巻、故ありて勧修寺《かじゅうじ》家より朝に奏して、一切神庫を出す事をゆるさず、もとより模写の本、勧修寺家の外一切無レ之事也、それらの事定ざる前、田安御屋形にて、近衛家へ懇願し給ひて、不レ残摹写出来候処、祝融《しゅくゆう》の為に烏有《うゆう》となる、其後再びその御企ありて、又々近衛家へ懇願し、上十巻余り模写出来せしに、黄門君かくれ給ひてより、終に中絶、その後に至り、神庫不出之規定出来して、企及びがたき事に成たるを、松山少将君と、予と、さまぐ〵にはかり、森可林とて、田安より予に附来るものあり、かれは勧修寺家の親族なり、それによりて模写して、黄門君の志をつがまほしきことを、深く懇願に及ぶ、許容成がたき所、誠実の情を被レ察、勧修寺家より、鷹司関白殿へうつたへ、それより御気色をもうかがはれて、終に両家の外へは出すべからざるのよしにて、模写の免許を得、年月をつみて廿巻成就、実に難レ得珍宝、難レ求の奇宝也、後世能々秘蔵すべきものなり。

文化四卯年七月廿四日

左近衛少将兼越中守　源朝臣定信識

この識語によると、定信の父田安宗武は「春日権現験記絵」二〇巻を模写した。しかし「祝融《しゅくゆう》」により、つまり宝暦一二年二月の火災により田安邸は焼失し、模写した絵巻も灰燼に帰した。ちなみに定信はこのとき五歳、火災のため江戸城本丸に移った。その後再度、近衛家に頼んで絵巻を模写することができたが、一〇巻あまり模写したところで、田安宗武が明和八年六月四日に――このとき宗武五七歳、定信一四歳――死亡し、そのため模写は中断された。そうこうするうち、春日大社はこの絵巻を門外不出とし、模写ができなくなってしまった。父の志を継いだ定信は、伊予松山の松平家養子となった兄定国とともに、勧修寺家より関白鷹司政熙《まさひろ》に頼み、ついに模写二〇巻を完了させた。文化四年（一八〇七）七月である。

さて、「石山寺縁起絵巻」の巻六、巻七は、

詞書・飛鳥井《あすかい》雅章《まさあき》

絵　・谷文晁

であり、文晁は主に「春日権現験記絵」を参考とし、文化元年からおよそ二年をかけて完成させた。

巻六は、四段四話からなる。第一段は、建久年間、源頼朝の臣中原親能《ちかよし》が京都にいたさい、謀反《むほん》の輩《やから》が山城国和束《わつか》に隠れた。頼朝より討伐の命をうけた親能は、石山寺に参詣し、眼前にあらわれた毘沙門天を見て合掌し、謀反《むほん》の輩を平定する（図8）。

第二段は、石山寺の朗證（澄）律師が、諸流の相伝聖教を熱心に集める。律師は学んだ聖教を生前大切にし、死後も鬼となってそれらを守りとおす。

第三段は、藤原道家が石山寺に参詣し、三つのことを発願《ほつがん》する。後堀河天皇の中宮である娘が皇子を産むこと、一族の繁栄、そして極楽往生であった。すべて観音の御利益により成就される。

第四段は、山階実雄《やましなさねかつ》が亀山天皇の皇后となった娘の懐妊を知り、皇子の出生を願う。さらに後深草天皇、伏見天皇の皇后となった二女、三女も皇子を出産した。それもこれも石山寺に祈願したお陰という利生説である。

巻七は、四段四話からなる。第一段は、弘安年間、円兼僧都がある日重病となり、命を危うくする。しかし石山寺本尊を拝むと、夢に童子があらわれ、童子の持つ鉢のものを口にすると、快復したという話である。

第二段は、正応年間、京都に貧しい女がいた。親孝行の娘は人買いにわが身を売り、親に金を送る。人買いの舟に乗せられて湖水に出ると、突如大嵐となる。娘は石山本尊に祈ると、白馬があらわれ、娘は白馬にしがみつき助かる（図10）。

第三段は、永仁年間、伏見《ふしみ》天皇が石山寺に愛染王供《おうぐ》をおさめ、熱心に加持祈禱《かじきとう》をした話である。

8．谷文晁　石山寺縁起絵巻　巻六第一段　紙本着色　1805年　石山寺蔵

9．春日権現験記絵　巻八第二段　絹本着色　1309年頃
宮内庁三の丸尚蔵館蔵

谷文晁、『春日権現験記絵』巻八第二段を参照す。

第四段は、正安元年（一二九九）、亀山法皇と後宇多院は石山寺に参詣した。後宇多院は、蜘蛛《くも》が「宜帰当寺永年昌栄」と書かれた紙上をはうのを見てめでたきことと喜ぶ。

谷文晁は、巻六と巻七の合計八話を絵画で表現した。八段は、詞書と絵を交互に入れ、絵は多くの段で、主題の時間的経過をふまえた表現である。では文晁は、いろいろな絵巻のどの場面を参照し、「石山寺縁起絵巻」巻六と巻七を完成させたのであろうか。

巻六の第一段（図8）は、石山寺に戦勝祈願した中原親能《ちかよし》の軍勢が山門を出、先頭の親能は、白雲に乗ってあらわれた毘沙門天に祈る。文晁は、この場面に「春日権現験記絵」巻八第二段（図9）の大舎人《おおとねり》入道の夢の軍勢を裏返して転用した。次いで親能の一軍は、琵琶湖をぬけて山城国に入る。文晁は、この場面を「春日権現験記絵」巻二の第二段、栗駒山の合戦図を参照して描いた。最後に見られる反乱軍の城内火災は、「平治物語絵詞」三条殿夜討巻の焼討ちの場を参考としていよう。

第二段は、聖教書を積重ねた文机に座し、膝をかかえて外を眺める律師が描かれる。文晁は、この律師像に「春日権現験記絵」巻八第七段の春日大社を忍ぶ興福寺の僧の図像を借りた。律師の眼前の外界は、柔らかな曲線からなる山々に、紅葉が色づき、松が青々と茂り、小川がぬって流れる。まさしく大和絵の光景であるが、文晁は弟子らの模写した「石山寺縁起絵巻」巻二第六段の風景図を借りて描いた。

第三段は、藤原道家の壮大な邸宅が、ながながと描かれる。屋根や天井をとり、柱と襖で室内を

10．谷文晁　石山寺縁起絵巻　巻七第二段（部分）　紙本着色　1805年　石山寺蔵

表現しているが、この吹抜屋台描法は、「春日権現験記絵」のみならず数々の絵巻によく見られる形式である。

第四段は、門前にとめられた山階実雄《やましなさねかつ》の牛車が描かれる。文晁は、門並びに牛車を「春日権現験記絵」巻五第二段に描かれた藤原俊盛宅門前から採択した。

巻七の第一段は、床に伏す僧門兼の荒れた庭にいろいろな樹木が茂る。そのうちの二本の松は、文晁が「春日権現験記絵」巻三第五段の関白邸の松を参照して描いたのであろう。

第二段（図10）は、荒れ狂う波を描くが、何を粉本としたのであろう。すでに「華厳縁起絵」の善妙が竜と化す場面の波、「東征絵巻」の鑑真難破の場面の波などが指摘されている。このほか「玄奘三蔵絵」巻四の黒風が吹いて荒れ狂う波にも似ている。しかし、どれも確定で

11. 谷文晁　石山寺縁起絵巻　第七第四段　紙本着色　1805年　石山寺蔵

12. 平治物語絵詞　信西巻第一段　紙本着色　1843年頃　静嘉堂文庫美術館蔵

谷文晁、『平治物語絵詞』信西巻第一段を参照す。

きない。第二段における湖上の大風雨の場面は、力強く緊張感のある迫力に富み、大和絵の情趣をあまり感じとれない。第二段は、大和絵の描写を習得した文晁が、自らの個性を発揮した作品である。

第三段は、石山寺本堂での加持祈禱《きとう》の場面である。文晁は、「石山寺縁起絵」巻四第三段の石山寺本堂を参考に、第三段の構成を描きあげたと思われる。

第四段（図11）は、数輛《りょう》の牛車、公卿や供奉《ぐぶ》らでにぎわう石山寺門前の様子を描く。文晁は、「平治物語絵詞」信西《しんぜい》巻第一段（図12）にある大内裏《だいだいり》の待賢門《たいけんもん》を粉本とし、牛や人物を移動させたり省略したりして、この第四段を描きあげた。

谷文晁は、「石山寺縁起絵」巻六と巻七を補作するにあたり、「春日権現験記絵」をはじめ、弟子らによって模写された「石山寺縁起絵」、「平治物語絵詞」など、いろいろな絵巻を参照した。巻六と巻七は、巻一から巻五までと対応すべく、大和絵の伝統を踏えての補完であった。文晁は、天井を取除いて斜め上方から見る吹抜屋台形式《ふきぬけやたいけいしき》をとり、また時間的空間的移動表現として、霞の層をいくつも繰り返す描法をとった。人物表現にしても、関白や女房らの顔をふくよかな下ぶくれとし、引目鉤鼻形式《ひきめかぎはなけいしき》を踏襲した。自然描写にしても、山、川、丘陵など柔らかな筆法をもって曲線描写し、それらを群青や緑青で、一部に厚塗りをして彩色した。松・紅葉・杉・柳なども、深山幽谷の樹木とせず、どこにも見られる手入れのゆき届いた木々とし、色彩も佳麗である。こうした大和絵の伝統を踏襲した巻六と巻七は、定信も満足させる穏和な情趣にあふれた作品となったのである。

第一〇章　定信の収集した蘭書と銅版画

一、蘭書『ニューウェ・アトラス』と亜欧堂田善

亜欧堂田善は松平定信に見いだされ、育てあげられた絵師であった。寛政六年（一七九四）、定信は谷文晁や千里啓を従えて、白河領内を巡視した。田善はこのとき、須賀川で見いだされ、定信付の絵師となり、文晁から教えを受けた。田善の抜擢は、当初銅版画家としてでなく、『集古十種』編纂のためであった、と考えられる。田善は郷里須賀川より白河城下に移り、寛政八年前後に藩主定信の命により江戸へ出府した。江戸では、白河藩上屋敷の長屋に居をかまえたと思われる。

出府した田善に関し、『永田由緒』が公表されて以来、「急き命に従ひて上りしに、先年阿蘭陀より将軍家へ献納したる銅版世界万国図を更に定信に賜ひしを、田善に示し」た、とされる。田善が出府後、最初に目にした蘭書の一冊は、「銅版世界万国図」であった。これは、現在、静岡県立中央図書館所蔵の二冊本『ニューウェ・アトラス』（*Nieuwe Atlas*）に該当する、と判明した。しかし、

『ニューウェ・アトラス』を「阿蘭陀より将軍家へ献納した」蘭書とするのは疑問である。将軍家への献上とは、江戸参府のオランダ人による入貢という意味であろう。『徳川実紀』の天明七年（一七八七）より寛政一〇年までの「蘭人入貢」を調べると、羅紗《らしゃ》・更紗・へるへとわん・猩々緋《じょうじょうひ》・縞《こう》類などであり、蘭書は一冊も見あたらない。

天明七年六月、松平定信は老中主座、翌八年三月将軍補佐となり、この頃より外国の諸地図を収集し、辺境防備の対策資料とした、と『楽翁公伝』は伝える。定信は、それら資料の一冊として『ニューウェ・アトラス』を入手し、私蔵したと思われる。そして幕政から退き、時を経て、私蔵の『ニューウェ・アトラス』を後世に役立つ地図として幕府へ差し出したのであろう。『江戸幕府旧蔵蘭書総合目録』に、

蕃所調所　静岡学校
万国輿地図　天　二冊箱入　丙辰《ひのえたつ》天台

とある。「万国輿地図」とは『ニューウェ・アトラス』で、「丙辰天台」とあるから、寛政八年（一七九六）に定信の私蔵本から天文台蔵書となったのであろう。安政三年（一八五六）、洋学所は蕃書調所と改称され、各所に所蔵される幕府の蘭書は蕃書調所へ移されたから、このとき蕃書調所蔵書になったのかもしれない。その後、静岡学校蔵本となり、現在、静岡県立中央図書館に所蔵される。

では、松平定信はいつ、『ニューウェ・アトラス』を入手したのであろうか。近藤重蔵は、この蘭書について、

此書寛政年間舶来スル所ノ図ナルベシ

という。そこで後述する蘭書の翻訳開始と終了をかんがみると、定信の入手年は寛政元年（一七八九）である。定信は落掌するや、すぐに本木良永《もときよしなが》に『ニューウェ・アトラス』の翻訳を命じた。

本木良永は、諱を良永、幼名を茂三郎、通称を栄之進、号を蘭皐と称した。医師西松仙と本木庄太夫栄久の娘多津との次男として、享保二〇年（一七三五）に出生した。本木家二代目仁太夫良固の娘縫の婿として迎えられたのは、寛延元年（一七四八）であった。稽古通詞をかわきりに、長い時間をかけて小通詞末席となり、小通詞並、小通詞助役をへて、天明七年（一七八七）に小通詞となり、翌年大通詞となった。

本木良永が天文・地理の蘭書を数多く翻訳したことは、今日、本木を西洋天文学者として紹介した研究書が多いことからもわかる。本木は定信や松浦静山の要請に応え、蘭書翻訳の御用を務めた。定信は意次の編暦事業をひき継ぎ、天明八年（一七八八）、本木良永と吉雄幸作に蘭書『エーウィヒ・ドゥーレンデ・アルマナク』(*Eeuwig durende Almanak*)の翻訳を命じた。これを『和蘭陀永続暦和解』として翻訳し、幕府に献上するものの、天文方吉田靫負《ゆげい》により寛政改暦に採用されなかった。

このほか寛政四年（一七九二）から翌年にかけ、本木は『天文学の基礎』（*Gronden der Starrenkunde*）の翻訳を定信より命じられ、『星術本源太陽窮理了解新制天地二球用法記』の標題で訳している。問題の『ニューウェ・アトラス』に関し、本木は、定信から命じられて、すぐに翻訳にとりかかった。『長崎通詞由緒書』の本木家の項に、

寛政元酉年万国地図書弐冊和解仰付

とある。本木は寛政元年から翻訳をはじめ、一年あまりかけて翌年九月に完了した。天理図書館所蔵の本木の訳稿最終ページに、

右之通和解仕奉差上候以上

戌九月　本木仁太夫

とある。

『ニューウェ・アトラス』は本文のない蘭書で、地図と地図上のフランス語・ラテン語・オランダ語などの説明文のみである。しかも、世界でわが国にのみ所蔵される蘭書でもある。本木は、地図の標題や地図上の天文地理の語句、例えば子午線・黄道・緯度・経度・赤道・地球の自転や周行・

太陽の天球上の軌道などを別の蘭書を参照して説明し、かつ地図の欄外に書かれたオランダ語注釈文を翻訳した。本木は「訳」というものの、訳の箇所はわずかで、今日いう翻訳とはかなり異なり、『ニューウェ・アトラス』の解説書とでも言うべきものである。本木は、二冊本『ニューウェ・アトラス』を『阿蘭陀全世界地図書訳』と訳し、上・巻之一、中・巻之二、下・巻之三としてまとめた。では本木の訳出箇所を明確にするため、原本『ニューウェ・アトラス』と『阿蘭陀全世界地図書訳』との対応関係を一覧表としてまとめてみよう。

『ニューウェ・アトラス』の表紙を開くと、扉絵（図13、図14）に接する。本木の扉絵の解説は不十分であり、誤りもある。この扉絵は、上中下の三段、つまり天地海からなる。

「天」に描かれた四頭立ての黄金の凱旋車に乗り、天空からあらわれたのは、太陽神アポロである。アポロは、金環状のアーチをぬって天空を走りまわる。ここでのアーチは、七月の獅子座、八月の乙女座、九月の天秤座、一〇月の蠍座《さそりざ》を示す黄道一二宮の帯である。これを見つめるのが、天空を両肩に担い、下半身を石に変えられたアトラスである。この下に、水の流れでる甕《かめ》にもたれる老人が、水の神である。そこに二人の女性がおり、一人が小塔のある市壁をかたどった冠をかぶり、もう一方が果物などの収穫物を詰めこんだ籠を頭にのせる。前者が自然を支配する地母神、後者が農耕の女神であり、繁殖の源となる地母神である。つまり「天」は、この地が豊かな水と実りのある大地である、と寓意する。

「地」は、人間が描かれる。足元に地球儀をおき、膝に貢物をのせ、右手に笏をにぎって玉座にすわる女性は、ヨーロッパである。その前に象牙をさしだす黒人はアフリカであり、背後の羽根飾りの冠をつけた原住民はアメリカである。そしてターバンをつけた後ろむきの人物が、アジアである。手に持つ壷の表面にヒトコブラクダが浮彫りされるが、ラクダはアジアの象徴像である。「地」は、地球の四大陸を擬人像であらわし、三大陸が、世界の中心を自負するヨーロッパに貢物を献上する場面である。

「海」は、螺貝を吹く少年トリトンと男女三人の海神である。豊かな髪とひげの男がネプトゥヌス、かれを見つめるのが妻アンフィトリテと思われる。上下に『ニューウェ・アトラス』の標題が、ラテン語（Atlas Novus）とフランス語（Atlas Nouveau）で書かれる。扉絵の制作者は、オランダの銅版画家ロメイン・ド・ホーヘ（Romeyn de Hooghe, 1645-1708）である。

扉絵に次いで、『ニューウェ・アトラス』の標題となる。標題は、次のように訳すことができる。

ニューウェ・アトラス（新地図帖）

世界の四つの地域を含み、そこには君主国、帝国、共和国などが明示される。

最良の撰者らにより蒐集された。

第一巻

アムステルダムにて、ヨハネス・コーフェンスとコルネリス・モルティール社より（図15）

原本　Nieuwe Atlas	訳本『阿蘭陀全世界地図書訳』
ATLAS	〔アトラスの解説〕
扉絵の銅版画（図13と14）	〔扉絵図像解説〕
NIEUWE ATLAS（図15）	〔標題解説〕
Register I Deel（図16）	上巻絵図総目録
Register II Deel	下巻絵図総目録
PLANISPHAERIUM　COELESTE（図17）	第一　半円両天図 黄道十二象 北天二十一象 北天増補ノ象 右方ノ天図 南天十五象 南天増補十三象
	巻之一

HYPOTHESIS PTOLEMAICA	平円形小天図・上ノ一字ノ符号 九重天ノ図	〔上〕・
HYPOTHESIS COPERNICANA	平円形小天図・下ノ一字ノ符号 各百耳尼久尸《コペルニキュス》、窮理学ノ天図	
HYPOTHESIS TYCHONICA	平円形小天図・元ノ一字ノ符号 徳逸各《ティコ》、窮理学ノ天図	〔上〕・巻之一
AESTUS MARIS PER MOTUM LUNAE	平円形小天図・亨ノ一字ノ符号 日輪ノ運動ニ由ル潮汐ノ干満ノ絵図	
P. LANSBERGII SCHEMA MOTUS TERRAE ANNUI CIRCA SOLEM	平円形小天図・利ノ一字ノ符号 蘭尸別耳黒《ランスベルグ》ノ絵図	

	平円形小天図・貞ノ一字ノ符号 日輪ニ由ル月輪ノ光明ノ絵図	ILLUMINATIO LUNAE PER SOLEM
中・巻之二	第二　半円平面地球両図 半円平面全地球両図ノ説 地球并ニ地図諸圏ノ事 国々里数算法 赤道線并ニ平行線ニ当ル東西ノ一周 里数算法 全地球長日長夜短 日短夜ノ算法	MAPPE-MONDE al' usage du Roy par Guillaume Delisle Premier Geographe de S. M.（図18）
巻之三	第三　北方半円図	L' HEMISPHERE pour voir LES TERRES SEPTENTRIONAL plus distinctement ARCTIQUES

L' HEMISPHERE pour voir LES TERRES MERIDIONAL plus distinctement AUSTRALES（図19）

第四　南方半円図

中南北極全地球両図ノ説

下・

13. 扉絵 『ニューウェ・アトラス』第一巻

静岡県立中央図書館蔵

14. 扉絵の図像解明

① 黄道12宮　② 太陽神アポロ
③ アトラス　④ 水の神
⑤ 地母神　⑥ 農耕、豊饒の地母神
⑦ ヨーロッパ　⑧ アフリカ
⑨ アメリカ　⑩ アジア
⑪ ヨーロッパの兵士　⑫ トリトン
⑬ 海神　⑭ ネプトゥヌス
⑮ アンフィトリテ

15. 表紙

『ニューウェ・アトラス』第一巻

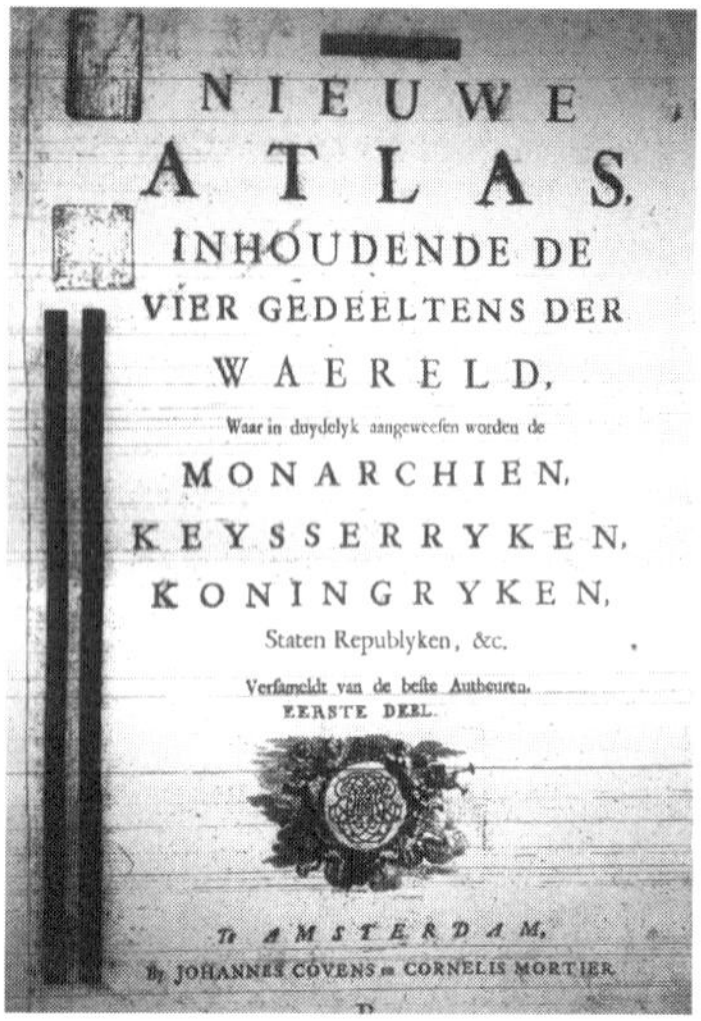

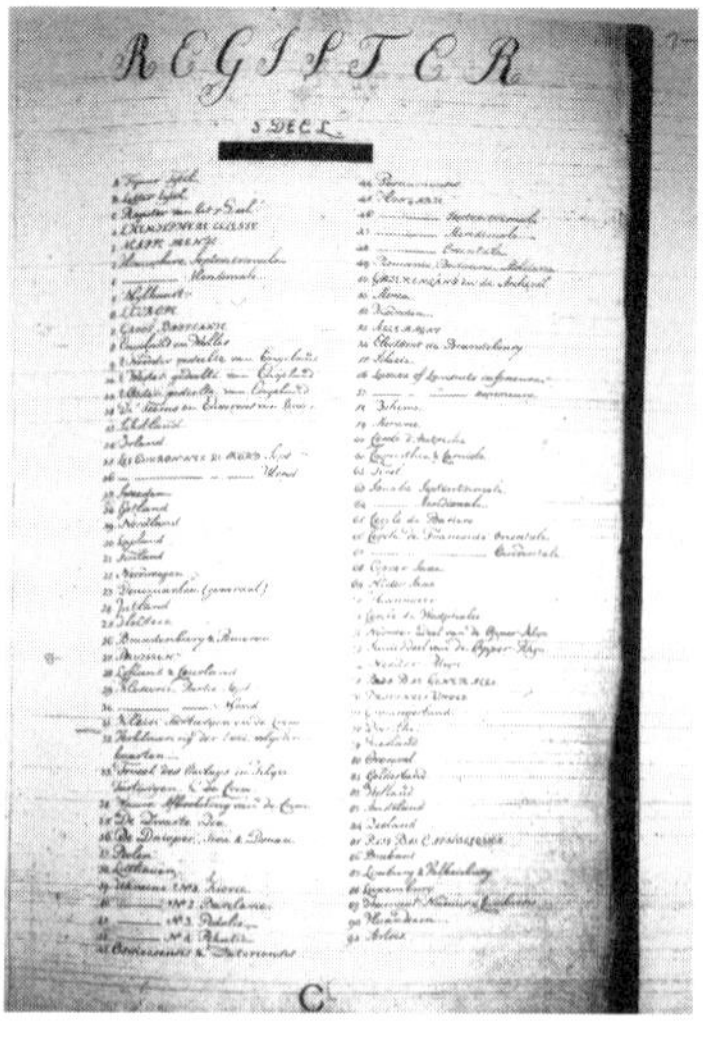

16. 目録

『ニューウェ・アトラス』第一巻

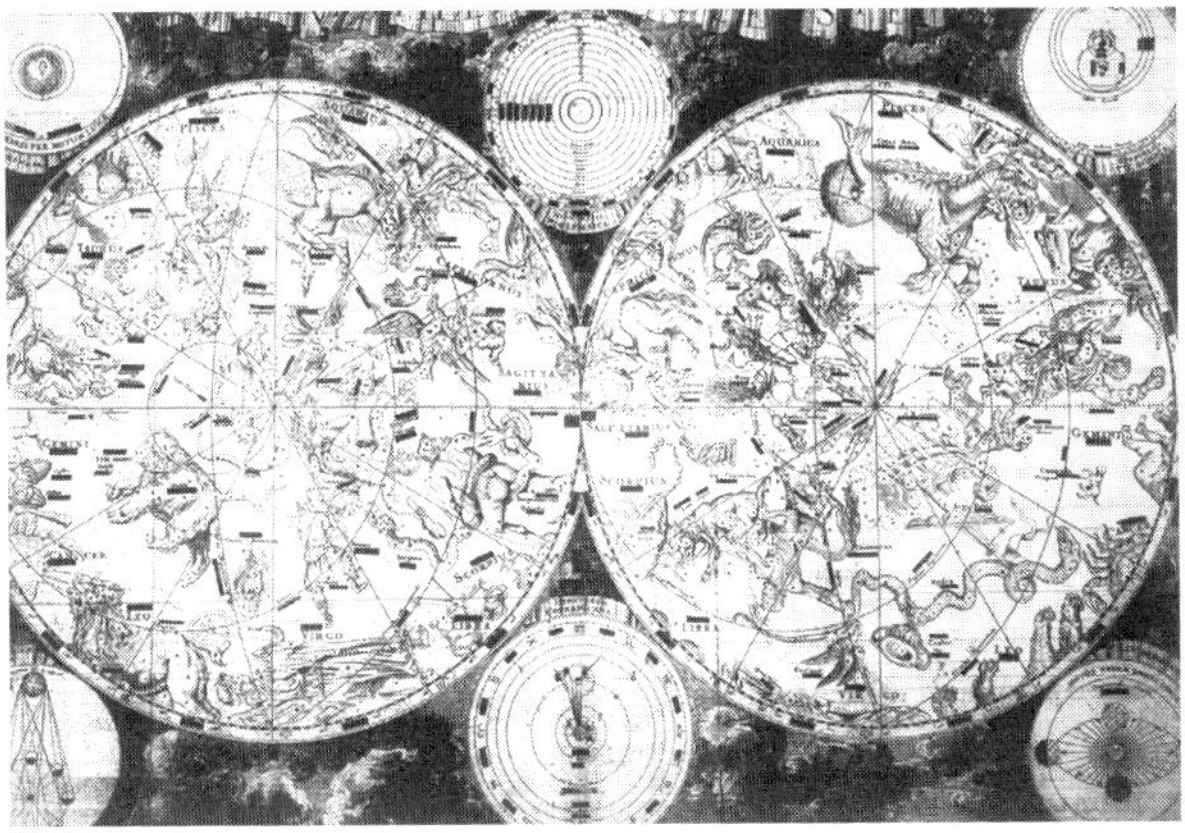

17. 天球図 『ニューウェ・アトラス』第一巻

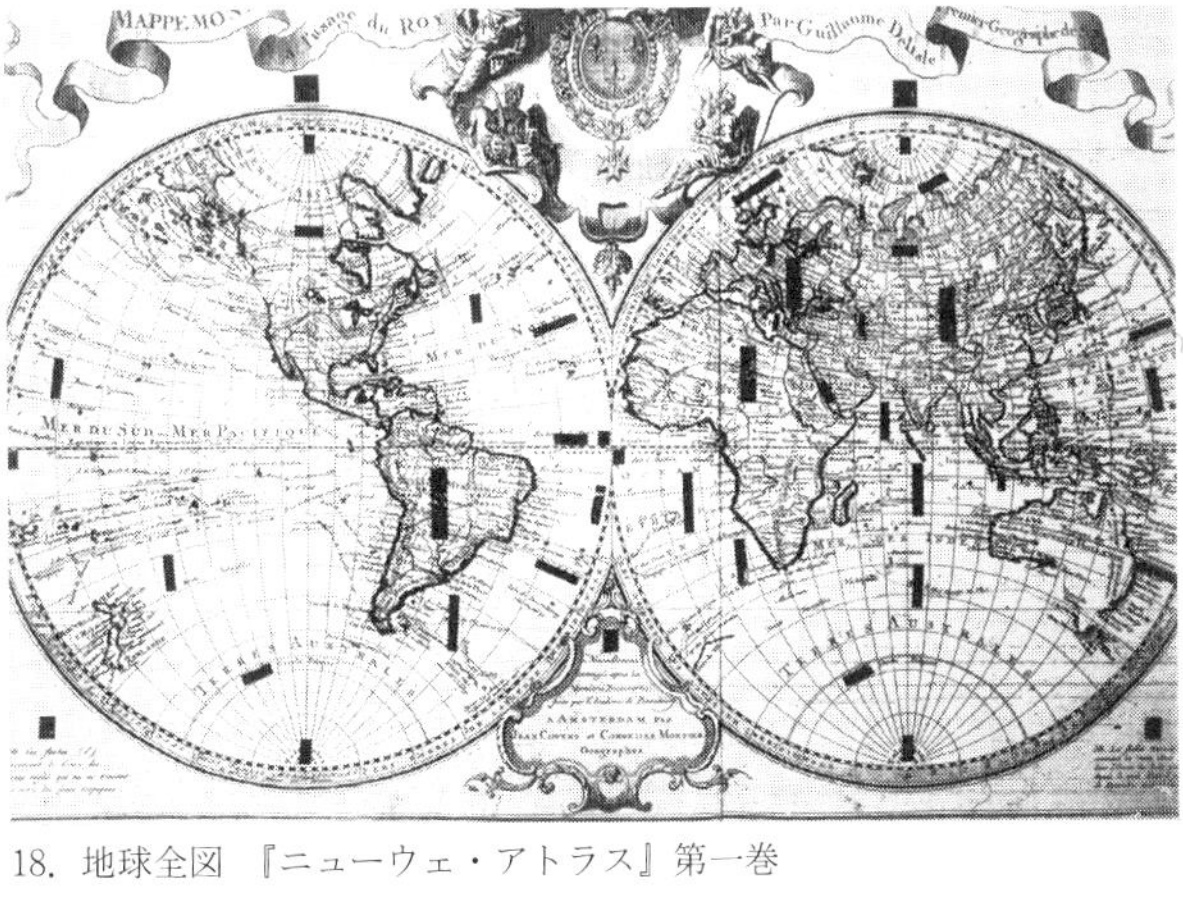

18. 地球全図 『ニューウェ・アトラス』第一巻

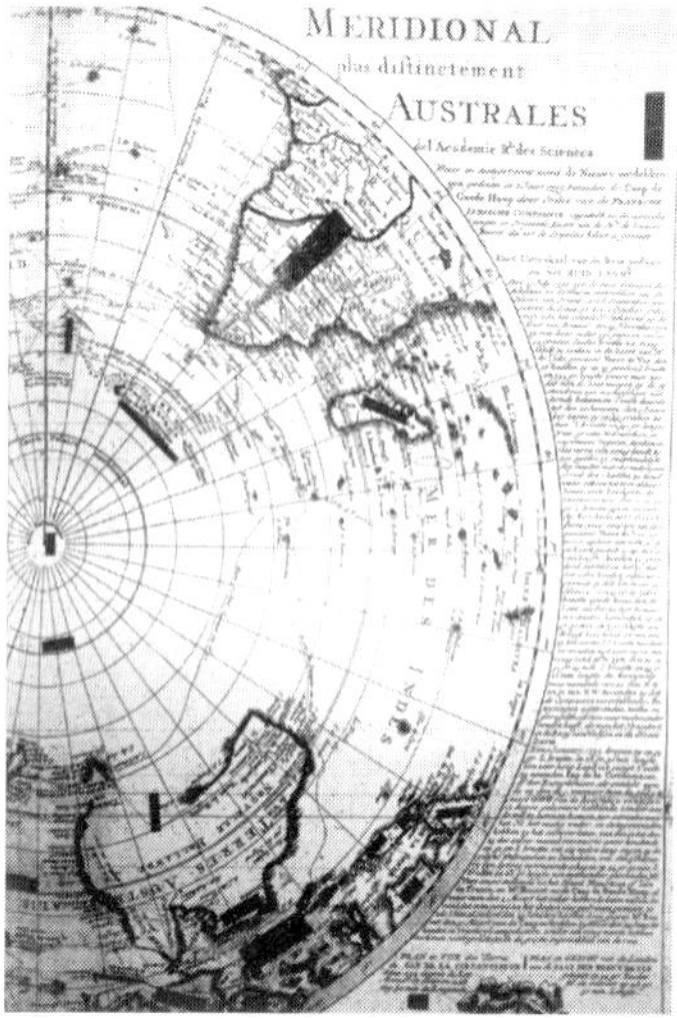

19．南半球図

『ニューウェ・アトラス』第一巻

一方、本木は標題を、「世界ノ四方ヲ分別タル新地図ナリ、是ニ著ス処ハ、独立シ給ヱル帝ノ国、王ノ国、并ニ所領ノ国々等ヲ明白ニ教諭シタル、此書ノ撰者編集シタル」と訳す。ただ一点、〈Staten Republyken〉は「所領ノ国々」と訳すより共和国とした方がよい。本木はおそらく、共和国の概念をまだ知らなかったのであろう。このアトラスは、一八世紀前半に創設された地図出版商会コーフェンスとモルティール社から出版された。

『ニューウェ・アトラス』は標題のあと、第一巻九一点の地図目録（図16）である。本木はこの目録と第二巻八八点の地図目録を訳し、「上巻絵図総目録」、「下巻絵図総目録」としている。目録はオランダ語、一部にフランス語や英語で書かれ、なんとすべて手書きである。手書きの目録作成に商館長ロムベルヒ（Hendrik Casper Romberg）、外科医ロト（Johann August Loth）、書記スターフェ（Jan Stave）ら、いずれかの協力があったのかどうかよくわからない。

第一巻目録の第一は天球図で、以下世界地図からはじまり第九一まで、第二巻目録は第一より第八七まで、すべて世界各地の地図である。

第一巻の最初にとりあげたヨーロッパは大ブリタニア、イングランド、ウェールズ、スコットランドである。ついでヨーロッパ北部スカンジナビア半島に入り、スウェーデン、ノルウェ、デンマーク、プロイセンとつづき、モスコビアから南へ進み、小韃靼、黒海の地図となる。東欧へ進み、ドニエプル、ドナウ、ウクライナ、ルーマニア、ブルガリア、地中海のギリシア、エーゲ海の多島地図となる。その後、アレマニア、ブランデンブルク、シレジア、チロル、ライン川の上下流、そしてネーデルラントに入り、ネーデルラント各州図、ベルギー、ルクセンブルクなどの地図となる。一八世紀のヨーロッパで、ホルスタインやリトアニアなどは公国や共和国であったから、今日の地図のとりあげ方とは多少異なる。

第二巻目録はイスパニア、ポルトガルから始まり、カタロニア、アラゴン、マヨルカ島、ミノルカ島地図へとつづく。第九よりフランスに入り、ブルターニュ、ノルマンディ、オルレアン、シャンパーニュ、リヨン、アルルなどの各州地図が載る。ついでピエモント、ミラノ、ジエノア、マントヴァ、ヴェネチア、トスカナ、シチリア島、ナポリ、コルシカ島などの地図があげられる。

第四五よりアジアの地図となる。アジアはロシアの一部、大韃靼、トルコ、アラビア、ペルシア、聖地、カスピ海沿岸、インド、シナ、コロマンデル、セイロン、日本、大ジャワの地図である。

第六一よりアフリカの地図である。アフリカはセネガル、ギニア、エジプト、ナイル川、アビシニア、喜望峰、マダガスカル島などの地図である。

第六九より新大陸アメリカの地図となる。アメリカはカナダ、合衆国、ニューヨーク、ヴァージニア、コネティカット、メキシコ湾、コスタリカ、聖ドミンゴ、アマゾン、ブラジル、リオ・デ・ジャネイロ、パラガイ、マゼラン海峡などの地図である。

目録全体に目を通せば、ヨーロッパの地図が七割以上、アジアの地図が一割弱、アフリカの地図が〇・五割、アメリカの地図が一割強である。本木は必ずしも目録を直訳していない。例えば、第一巻第七は〈Groot BRJTTANJE〉とあり、直訳すれば、「大ブリタニア（ブリタニエ）」である。しかし、本木は該当する地図を参照し、「諳厄亜《イギリス》三島諳厄利亜《アンゲリア》《エンゲラント》・思可斉亜《スコシア》《スコットランド》・喜百利泥亜《ヒベリニア》《イールランド》」としている。アジアにおいて、韃靼とジャワにオランダ語の形容詞〈groot〉が付けられ、大韃靼と大ジャワとなるが、日本にはこのオランダ語が付けられていない。にもかかわらず、本木は大ジャワを「瓜哇《ジャワ》国」とし、日本を「大日本国」としており、本木の自国への配慮を感じさせる。

地図目録のあとは、「天球図」（図17）で、本木は「半円両天図」と訳す。「天球図」は、左に北天、右に南天、中央上下にプトレマイオス宇宙体系図とコペルニクス宇宙体系図、そして右端《はし》上下にティコ・ブラーエの宇宙体系図と地球の時季図であるランスベルク略図、左端上下に月の運動による干潮・満潮図と月の光明図を配す。本木は、北天と南天の星座の語句を一つ一つ和訳し解説する。

次いで「地球全図」（図18）で、本木は「半円平面全地球両図」と訳す。「地球全図」は、右に西半球、左に東半球を配す。地図上に書かれた黄道一二宮、赤道、経緯度、太陽の軌道などの語句を訳し説明する。地図に書かれていない気候と緯度の関係、ならびにその気候に属する国々を、ヒュプネルの『一般地理学』を参考に解説する。

最後は「北半球図」と「南半球図」で、本木は「北方半円図」・「南方半円図」（図19）と訳す。この両地図には、地図周辺に同じ内容の仏文と蘭文の説明を載せる。前者の説明は、スパンベルク艦長のカムチャッカ探険録であり、後者のそれはブーヴェ艦長の喜望峰南方探険録である。本木は、両地図の説明文を逐語訳し、ここではじめて『阿蘭陀全世界地図書訳』は、「訳」というに相応しい標題となる。逐語訳といったが、ブーヴェ艦長の喜望峰南方探険録のなかで、「この地をカップ・ドゥ・ラ・シルコンシジョン、オランダ語名でベスネイデニッセと名付けた。というのは、発見したこの日が、キリストの割礼記念日だったからである。」('t welk zy noemden Cap de la Circoncision, of der Besnydenisse als ontdekt zynde op dag, wanneermen de gedachtenisse werd van〔Besnyden〕) という文章は訳さずにとばした。キリスト教に係わる内容だったからであろう。

本木は、いろいろな蘭書を参照して、地図上に書かれた天文地理の用語を解説した。では、どのような蘭書を使用したか、アトラス（ATLAS）の説明文をみてみよう。

阿蘭陀人、此上下二巻一部ノ書ヲ名テATLAS《アトラス》ト云フ、此語ATLASト云フハ刺的印《ラテイン》語ナリ、刺的印語トハ彼邦ノ雅言ニシテ古語ナリ、吾朝ノ和書ニ大和言葉ヲ連用スルカ如ク、欧羅巴《エウロパ》州内ノ国々都テ此刺的印語ヲ以テ学語トシテ、欧羅巴諸国ノ学士等専ラ学ンデ、書籍編集ノ撰者著述学才ノ誉名ニシテ雅言トスルナリ、此刺的印語 ATLAS《アトラス》ト云ヘル言語、和蘭書 Lexicon《レキシコン》 Novum《ノーヒュム》 Latino《ラテイノ》 belgicum《ベルギキュム》ト云テ、和蘭新刺的印言語書ト訳スベキ書籍ヲ以テ此語ノ註釈ヲ窺ヒ考ルニ、蘭人平日通用ノ俗語ニ解スレハ、algemeene《アルゲメー子》 kaartboek《カールトブック》 van《ハン》 de《デ》 weereld《ウエーレルト》ト通シテ、和語ニ翻訳スル時ハ、全世界地図書ト二重ニ訳ヲ重シナリ、此書ノ皮表紙ノ赤色ノ所ニ金色ノ文字 ATLAS《アトラス》 I《エールステ》 DEEL《デール》ト書銘ノ題号ヲ記シタルナリ、此語ヲ正訳スレバ、全世界地図書一ノ分《ワカレ》ト通テ、此書ニ巻ノ上下ヲ一ノ分《ワカレ》・二ノ分《ワカレ》ト名ル語路ナリ、因テ、今此《コヽ》ニ全世界地図書ノ上巻ト義訳ス、和蘭書 konst《コンスト》 woordt《ヲールト》 boek《ブック》ト云ッテ、和語ニ学術言語書ト訳スベキ書ノ註釈ヲ窺ヒ考レバ、此一言 ATLAS《アトラス》ト云フ語ハ其一意 Mauritania《マウリターニャ》ノ地ノ天学士ノ名ナリト註釈ス、Mauritania《マウリターニャ》ノ地名ヲ考レバ、往昔亜弗利加《アフリカ》州内ニ在シ大国ノ名ニシテ、今、亜弗利加《アフリカ》州内ノ襪爾襪里亜国《バルバリアコク》ノ西方ニ在ル土地ナリト云ヘル、註釈和蘭書 koerant-《クーラント》 Tolk《トルコ》 Woordt-《ウヲールト》 boek《ブック》ト云ッテ、和語ニ国説訳士言語書ト訳スベキ書中ニ見ヱタリ、又曰、ATLAS《アトラス》ト云ヘル一言ハ彼ノ地ニコレ有ル天ニ峙《ソビエ》タル高山ノ名ナリト註釈ス、又曰、ATLAS《アトラス》ト云ヘル一言ハ数多ノ地図ヲ集テ一巻ノ書トスルノ名目ナリト註釈ス、

以上、此三意アリ、

文中より、本木はアトラスの解説に、三冊の蘭書を使用したことがわかる。第一の『和蘭新刺的《ラテ》印《イン》語書』とは、「和蘭」を〈Belgicum〉、「新刺的印」を〈Novum Latino〉、「言語集」を〈Lexicon〉から直訳した。和訳すれば、「ベルギーの新ラテン語事典」となる。本木はこの事典から、アトラスの意味を全世界地図書と訳した。

第二の蘭書『コンスト・ヲールト・ブック』とは、どのような蘭書なのであろうか。そもそも「ヲールト・ブック」はウォールデンブック（woordenboek）の誤りで、該当する蘭書を探しにくい。それでもこの蘭書の標題と似た蘭書として、ボイス著『ニュー・エン・フォルコーメン・ウォールデンブック・ファン・クンステン・エン・ウェーテンスハッペン』（*Nieuw en Volkomen Woordenboek van Kunsten en Wetenschappen*）こと『新完全事典』をあげることができる。蘭学者なら、だれしも知る蘭書である。

第三の蘭書『クーラント・トルコ・ウヲールトブック』は、『カウランテン・トルク・ウォーデンブック』（*Kouranten-Tolk, Woordenboek*）である、とすぐ判断できよう。これは宗教・大陸・王国・国家・都市・要砦・河・海・山・港・社会・議会・裁判・武器などを箇条書きに解説した百科事典である。これらの事典のほか、本木は地図の緯度や気候の説明に、当時蘭学者のあいだで持てはやされたヒュプネル著『一般地理学』（Hübner : *Algemeene Geographie*）も使用した。

本木良永は寛政二年九月、『ニューウェ・アトラス』を訳しおえ、同年松平定信に訳本をそえて返却した。白河より出府した田善は、寛政八年前後、定信よりこの蘭書を見せられた。田善が目にした、もっともはやい時期の銅版画地図集であった。田善は、定信の命のもと『ニューウェ・アトラス』を参照して、数々の銅版画を模刻した。『ニューウェ・アトラス』は、田善の銅版画習得の教本となったのである。今、二、三の例をあげてみよう。

『ニューウェ・アトラス』第一巻第三九図は、「ウクライナ　第一、キオヴィエ」(Ukraine No. 1. Kiovie　図20)である。本木は「莫斯哥未亜《モスコビア》国ユカライナア州内キヨヒヤアト云地大図」と訳す。地図の左上のカルトウーシュに、「ウクライナ地方、一般にキオヴィア伯爵領といわれる土地」とラテン語で書かれ、カルトウーシュを囲んで、矢を背負い、右手に弓、左手に槍を握った男と二人の天使が描かれる。男は持ち物から判断して、同地方の兵士か狩人であろう。田善は、この男の矢を左肩へと移すが、ほぼ同じ姿態で模写した。田善の銅版画「キュピトと壷と人物」(図21)に、壊れた壷に手をあてるキュピトとウクライナ地方の男性像が見られる。

『ニューウェ・アトラス』第一巻第五七図は、「ボヘミア王国」(Le Royaume de Boheme　図22)である。本木は「熱爾瑪泥亜《ゼルマニア》国ボヘーメン地大図」と訳す。地図左下のカルトウーシュに二人の男女を配し、周辺にボヘミヤの森林や大地を描く。欄外に〈Condet Sculp.〉と書かれ、ヘルマン・コンデト(Herman Condet)の制作した銅版画とわかる。コンデトは、一八世紀中頃アムステルダムで活躍した地図銅版画家であり、活字印刷工であった。

田善はこのボヘミア地図を模写し、「フローニンヘンの新地図」(図23)を制作した。そのさい銅版画の上部と中央に次のようなオランダ語を書き加えた。

MITINOKOE SOEKAGAWA AEUDOO DENZEN NIEUWE KAART van GRONINGEN,
behorende tot het VADEBLANDSCH WOORDEBOEK van JACOBUS KOK 1791

訳は「みちのく　須賀川　亜欧堂田善」、ならびに「ヤコブス・コックの郷土辞典に付随するフローニンヘンの新地図」となる。もっとも〈VADEBLANDSCH〉のBはRの誤りであり、〈WOORDEBOEK〉にはNがぬけている。「ヤコブス・コックの郷土辞典」とは、このボヘミア地図と関係なく、アムステルダムのヨハネス・アラルト出版社から出された百科事典である。事典はアルファベット順に記載され、本文三五巻、索引三巻からなる。田善の書いたアルファベットを見ると、「みちのく」の「く」に〈KOE〉を、「須賀川」の「す」に〈SOE〉を、「亜欧堂」の「欧」に〈EU〉をあてている。田善は間違いなく、オランダ語初級を学んでいた。

田善は、これらのほかにも『ニューウェ・アトラス』諸地図の周辺に描かれた挿図を模写し、「地球儀と洋神」、「農耕神像」、「マスル」といった銅版画を製作した。さらにカルトウーシュの装飾も模写したかもしれない。文化四年（一八〇七）の銅版画「多賀城碑」の鶴、「地球儀と洋神」の植物装飾模様は、『ニューウェ・アトラス』第一巻第七図の「大ブリタニア」、第二巻第六三図「セネガル」（Senegal）の挿図の一部と似ているからである。

松平定信が田善に蘭書『ニューウェ・アトラス』を見せ、銅版画技法の習得を命じたのは、やがて田善をして「新訂万国全図」のような世界地図を製作させよう、と意図したからであろう。定信所蔵の『ニューウェ・アトラス』と本木の訳書は、その後、谷文晁が借りうけた。近藤重蔵は文晁からその蘭書と訳書を借覧し、蘭書中のアジア図とアジア北東部の地図を模写し、自著『辺要分界図考』に載せた。さらに桂川甫周、山田聯《れん》もこの蘭書のアジア図を模写した。定信の入手した『ニューウェ・アトラス』が、日本の北辺地図製作のため、蘭学者や北辺探険家に活用され、また銅版画技法習得のため、田善のような絵師に利用されたのである（拙論「蘭書ニューウェ・アトラスをめぐる松平定信と周辺の絵師や蘭学者たち」）。

二、リーディンガーの銅版画と近藤重蔵、亜欧堂田善

松平定信は、銅版画の製法についてかなりの知識があった。『退閑雑記』に次のような文章がある。

銅板鏤刻《るこく》、蛮製にあれど、我国にてなすものなし。司馬江漢といふものはじめて製すれども細密ならず。さるに備中松山の藩中にこのころなすものあり。殊に細みつ蛮製にたがはずとぞ。予もむかしこころみしが、蛮書などにあるを訳させてこころみしによからず。人をもてかの士へたづね問たるに、銅板に炭の粉をもてみがき、その板を火のうへにのせ、せしめうるしといふをこと

にうすく銅色のみゆるほどにぬるなり。さて其板を三日ほどかはかし下絵かきて、ほそきたがね又は針なんどにて其うるしをほりうがち、日のあたる所へ出し、薬を筆にて三四度もつけ、紙に酢をひきてその紙をもて銅板の表にあて、一夜屋の下などへ置、あつき湯をもてそのうるしを去て墨もて摺なり。

薬方

墨は鹿角象牙などを焼たる其粉に、ゑの油を交、其銅板に糊うすき紙をもてその墨をよくぬぐひ、猶手にてもよくその墨をとれば、墨そのくされたる画なんどの方にのみのこるなり。紅毛の紙をよく水にて濡はせ、またうるほはざる紙と二つかさねあはせて、銅板のうへにのせ、しめ木にてしむるなり。かの士の言には、墨は油煙を用ひたるがよしと云、ホイスショメールなんどにも、銅板の製す事しるしあれども、かの蛮書の一失にて、その簡要にする事はことに略して書をけば、其法による事あたはざるなり。せしめうるしつくるは、かの士の考なり。白蠟に松脂を交へてつくるは、蛮書にものせ侍るとなり。

これは、『退閑雑記』の中の前後の記事から判断し、寛政六年（一七九四）頃の記述である。文中の「ホイスショメール」とは、ボイス著『新完全事典』（Buys: *Nieuw en Volkomen Woordenboek*）とショメル著『百科事典』（Chomel: Huishoudelyk Woordenboek）をさす。定信の銅版画の知識は、禄仕した森島中良のみならず、備中松山藩士から、またボイスやショメルの「蛮書などにあるを訳させて」得

20．ウクライナのカルトゥーシュ 『ニューウェ・アトラス』第一巻

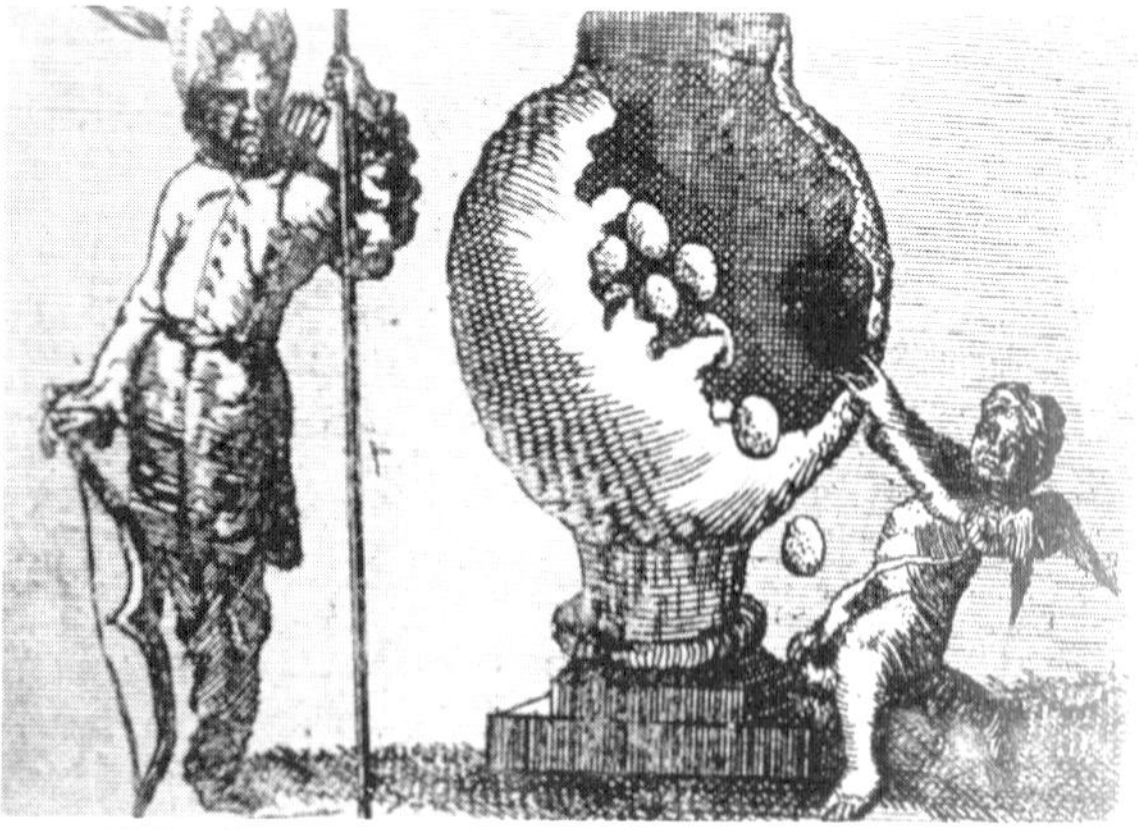

21．亜欧堂田善　キュピトと壷と人物

22. ボヘミア王国のカルトウーシュ 『ニューウェ・アトラス』第一巻

23. 亜欧堂田善　フローニンヘンの新地図

たものであった。松山藩士について、定信は「備中松山の藩中にこのころなすもの」とか、「かの士」と報告している。これは、松原右仲である。松原右仲は、前野良沢、長久保赤水、立原翠軒と交り、大槻玄沢の新元会に参加し、そのとき余興として配られた蘭学者相撲見立番附の東方前頭六枚目におかれる。西方に司馬江漢が相対しているから、銅版画を念頭においての番附対比であろう。松平定信は、松原右仲に使いを出し、背〆漆《せしめうるし》による銅版画製法を知った。定信は、防蝕剤について「白蠟に松脂を交へてつくるは、蛮書にものせ侍るなり」という。ショメル百科事典の「腐蝕銅版画」の項に、最良の防蝕剤の作り方として「白蠟二オンス、ブルゴーニュ産松脂一オンスを……とれ」(Neemt wite wasch, twee oncen; pik van Burgondie, een once……)とある。蘭学者を介して知りえた内容であろう。定信は、白蠟の処方と対比させるように、背〆漆の方法を「かの士の考なり」と述べ、松原右仲の考案としている。防蝕剤は、オランダ語でフェルニス(vernis)といい、蜜蠟、松脂《ハルス》・ピッチなどを混ぜて作った。当時蘭学者は、フェルニスを漆と訳した。松原右仲は、蘭学に興味をもった儒者であるから、背〆漆も松原の考案というより、オランダ語フェルニスの訳語である漆から、その上質の漆液である背〆漆に転じたのかもしれない。

田善は、一時期司馬江漢のもとで銅版画を学び、また定信や定信に禄仕した蘭学者から製法や用具を聞き知り、自らの実践と経験を重ねて銅版画技法を習得したのであろう。当初は、銅版に防蝕剤をうすくひき、乾かして下図にそって針でひっかき、弱酸で鋼版を腐蝕するという簡単な手順から始めた。定信が、「今いろいろの紙に銅版また木理を摺出しぬるもこのもの」と記しているように、田善は寛政九年頃、銅版画を試作していた。

亜欧堂田善が銅版画を学ぶにあたり、定信より見せられた作品は、前節の『ニューウェ・アトラス』とここで問題となるリーディンガーの銅版画であった。

ヨーハン・エリアス・リーディンガー（Johann Elias Ridinger, 1698-1767）は、一六九八年二月にウルムで生まれた銅版画家兼画家である。生涯を通して狩猟・馬・鳥・犬・獣・家畜・乗馬・動物寓話集などを描きつづけたため、動物画家として名高い。一七五九年、アウグスブルク美術アカデミーの校長となり、八年後同地で死亡した。リーディンガーの銅版画は、安永・天明・寛政年間、わが国にかなり輸入された。

定信は、馬にかんする知識を深めようと、リーディンガーの銅版画を収集した、と考えられる。幕府は江戸時代を通じて、オランダ商館を介し、アラビア馬やペルシア馬をしばしば輸入した。優れた西洋馬を輸入し、飼育増殖するばかりか、わが国の馬と交配させて馬種を改良することがねらいであった。大きく強い馬を求めたのである。なかでも八代将軍吉宗は、文治政治よりかつての武断政治を目ざしたから、オランダとの貿易額を拡大してまで、強力な西洋馬を輸入した。吉宗の在職二九年間に、かなりの西洋馬がもち込まれ、オランダ人調馬師ハンス・ユンゲン・ケイセル（Hans Jungen Keijser）も来日し、吹上御苑で洋式馬術や馬上での銃撃法を披露した。定信とても馬に関心があり、白河帰藩後、春秋二期の馬市をひらき、優良馬の育種や飼育を奨励している。

定信は寛政五年（一七九三）秋までに、リーディンガーの銅版画三二枚を入手した。長崎奉行を介して入手したか、または出島のオランダ商館長が定信に献上したのか、入手経路は定かでない。寛政三、四、五年は、商館長の江戸参府がおこなわれていないから、前者の可能性が高い。ともあれ定信の入手した三二枚は、次のような銅版画であった。

第一　都児古《トルコ》ノ君ノ手馴タル馬
第二　デイフハンノ右ノ側ノ図
第三　同左ノ側ノ図
第四　都児古《トルコ》郡主ノ手馴タル馬
第五　以西把泥亜《イスパニア》
第六　度逸都蘭士《ドイツラント》
第七　涅迭尓蘭士《ネデルラント》
第八　大泥亜《タニア》（デンマークの意味）
第九　オルデンビュルクス ホゴドイツ国中ノ一州ノ名
第十　ナポリ
第十一　巴尓巴里亜《バルバリア》
第十二　払郎察《フランス》ノ内リモシント云国ヨリ出タル馬 アフリカ内都児古領国ノ名
第十三　メンケンビュルク出ノ馬

第十四　ホルランテ
第十五　フリイス子デルラントノ内
第十六　ホルステインホゴドイツノ州名
第十七　プリュス欧羅巴ノ内
第十八　都児古《トルコ》
第十九　パルシヤ（図24）
第廿　以西把尼亜《イスパニア》ノ小馬
第廿一　セエヘンビュルゲン
第廿二　波羅尼亜《ホウロニヤ》
第廿三　マツラカイスハンヤノ内山県ノ名
第廿四　翁加里亜《ランカリア》（ハンガリーの意味）
第廿五　スクウエエツホゴドイツノ内ノ地名
第廿六　漢乂利亜《アンゲリア》
第廿七　払郎察《フランス》
第廿八　俄羅斯《オロス》及モスコヒヤ
第廿九　ボエメンホゴドイツノ内国名
第卅　韃靼《ダッタン》出ノ馬

24．近藤重蔵　パルシア　紙本墨画　内閣文庫蔵

第卌一　コロアテン出ノ馬　スウホニア国ノ一州ノ名
第卌二　曷剌未亜《アラビア》

これらの名称のなかで、「デイフハン」とは、オランダ語のディーファン（divan）で、昔のトルコの謁見室や会議室、また寝椅子を意味する。「ホゴドイツ」とは、オランダ語のホーフダイツ（hoogduits）で高地ドイツ語の意味である。しかし、ここでは誤って高地ドイツの意味で使っていよう。

　これらリーディンガーの銅版画をみると、二組のシリーズから成りたつとわかる。一組は、第一から第四までの四枚一組で、一七五二年アウグスブルクより出版された『トルコ盛装馬』（*Türkischer Pferdeaufputz*）である。もう一組は、三二枚からなる『諸国馬』（*Nationenpferde*）である。こちらは、二八枚や二五枚を一組として出版されることもあり、一枚一枚に独語・仏語・ラテン語による三つの標題をつけた。定信は『諸国馬』の全三二枚中、二八枚を収集していたとわかる。

これら定信の所蔵銅版画三二点を「蘭版西洋諸国馬図」として模写したのは、幕臣近藤重蔵であった。重蔵は、前半部に西洋馬の馬具一式を図解した「西洋馬具図」を、後半部に「蘭版西洋諸国馬図」を入れ、数メートルにおよぶ巻子本『荷蘭馬具図』を制作した。後半の「蘭版西洋諸国馬図」に次のような識語が書かれている。

寛政癸丑秋見一諸侯所蔵蘭版西洋諸国馬図々凡三十二枚其目如左所挙馬具軽便似有可取者就中抄写九枚欲助軍器之製作乙卯秋有崎陽之役於旅館獲所伝写蘭図今併作巻蔵之正茲云丁巳夏日守重識

初めに、「寛政癸丑《みづのとうし》（五年）、一諸侯所蔵の蘭版西洋諸国馬図を見る、図凡そ三十二枚」とある。「一諸侯」とは、重蔵と定信の関係から判断して、松平定信であることはまず間違いない。寛政五年（一七九三）秋、重蔵は、定信所蔵のリーディンガー銅版画を閲覧した。江戸の定信宅で見た重蔵は、それらの銅版画をすぐに模写し完成させたのが、『荷蘭馬具図』の後半部の「蘭版西洋諸国馬図」であった。

識語の中ほどに、「挙ぐる所の馬具は、軽便にして取るべきもの有るが似し、就中《なかんずく》九枚を抄写」とあるから三二枚中九枚を選んで模写した。それらは、先にあげた第一から第四までの四点、第一八・一九（図24）・二一・二六・二七の合計九点である。そして模写した目的を「軍器の製作の助けにせんと欲す」（欲助軍器之製作）と明言する。まさに銅版画は重蔵にとって軍事資料であった。すると、重蔵の模写は、定信から命じられたのかもしれない。重蔵は寛政七年（一七九五）、長崎奉行手附出役として長崎に出張した。識語の末文に、重蔵が長崎の旅館で蘭図を写しとったとあり、それが、『荷蘭馬具図』の前半部の「西洋馬具図」である。重蔵は、この「西洋馬具図」と「蘭版西洋諸国馬図」とを「今併せて巻と作し」（今併作巻）た。その年は、「丁巳《ひのとみ》夏日」、つまり寛政九年（一七九七）夏であったという。これこそ重蔵の巻子本『荷蘭馬具図』である。

亜欧堂田善は、出府後、定信よりリーディンガーの銅版画を見せられた。田善もそれらを模写したが、それが『銅版下絵乗馬図帖』と呼ばれる冊子である。この図帖の五枚の模写図に、次のような日付が書かれている。

戊未　四月卅日
戊未四月卅日
戊未四月卅日
戊四月卅日
五月一日

しかし「戊未」という干支はない。十干と十二支のどちらを間違えたのか判断しにくいが、十干を正しいとすれば、寛政一〇年（一七九八）の戊牛《つちのえうし》である。十二支を正しいとすれば、寛政一一年（一七九九）の己未《つちのとひつじ》である。すると田善は、寛政一〇年か、同一一年の四月末から五月初めにかけて、リーディンガーの銅版画を模写した。それが、次の二五点である。

一、トルコ皇帝の予備馬
二、右側から見る謁見室
三、左側から見る謁見室
四、パシャの予備馬
五、スペイン馬
六、ドイツ馬
七、ネーデルラント馬
八、ナポリ馬
九、メクレンブルク馬
一〇、ホラント馬
一一、フリースラント馬
一二、ホルスタイン馬（図25）

一三、プロシア馬
一四、トルコ馬（図26）
一五、ペルシア馬
一六、スペイン種子馬
一七、ジーベンビュルゲン馬
一八、ポーランド馬
一九、ワラキア馬
二〇、ハンガリア馬
二一、アンゲル馬
二二、モスクワ馬
二三、ボヘミア馬
二四、クロアチア馬
二五、アラビア馬

この田善の模写図と先の重蔵の模写図とを比べてみよう。すると、たいへん興味深いことに気づく。田善の模写図には、「大泥亜《タニア》」・「オルデンビュルクス」・「巴尔巴里亜《バルバリア》」・「払郎察《フランス》ノ内リモシント云国ヨリ出タル馬」・「スクウェエツ」・「払郎察《フランス》」・「韃靼出ノ馬」の七点がない。しかし両模写図

25. 亜欧堂田善　ホルスタイン馬　紙本墨画

26. 亜欧堂田善　トルコ馬　紙本墨画

とも、順序は同じである。つまり、田善と重蔵が見たリーディンガーの銅版画は、まったく同じものであった。しかも定信は、リーディンガーの銅版画を絹本か、紙本に仕立てあげて冊子としていた、とわかる。両人の「トルコ馬」などを比較すると、馬具や背景に違いがあるから、田善は重蔵の模写図でなく、リーディンガーの銅版画から直接模写した。田善は、重蔵のように「軍器の製作」のためでなく、原図を面相筆で丁寧に模写しており、銅版画技法の習得を目的とした。したがって田善の模写図は、『銅版下絵乗馬図帖』とも呼ばれるのである。

司馬江漢によって創始された腐蝕銅版画は、田善によって完成させられた。最大の要因は、ストップフロント法（stopgrond）をマスターしたからである。この銅版画技法は、当時、蘭学者の間で「漆を以て塞《ふさ》ぐの義」と訳され、「ストップゴロンド」法といわれた。腐蝕線を段階的にとめて、複雑な諧調を作りだす技法である。文化六年（一八〇九）の「河豚《ふぐ》図」は、この技法を遺憾なく発揮した銅版画である。「新訂万国全図」においても、「新ホウントラント」（ニューファンドランド島）周辺に、腐蝕が数回くりかえされ、ストップフロント法が使用された（拙著『江戸時代の蘭画と蘭書』上巻・第六章）。

定信は、銅版画を鑑賞用でなく、正確な地図を作りあげるための技術、つまり海防に必要な技術と考えた。木版画凸版の線より銅版画凹版の腐蝕線による地図の方が、精密で詳細であることは、一目瞭然である。定信のみならず多くの蘭方医が、銅版画の必要性を認識していた。杉田玄白が『解体新書』の附図を依頼したとき、腐蝕銅版画はまだ知られておらず、木版画の解剖図となった。

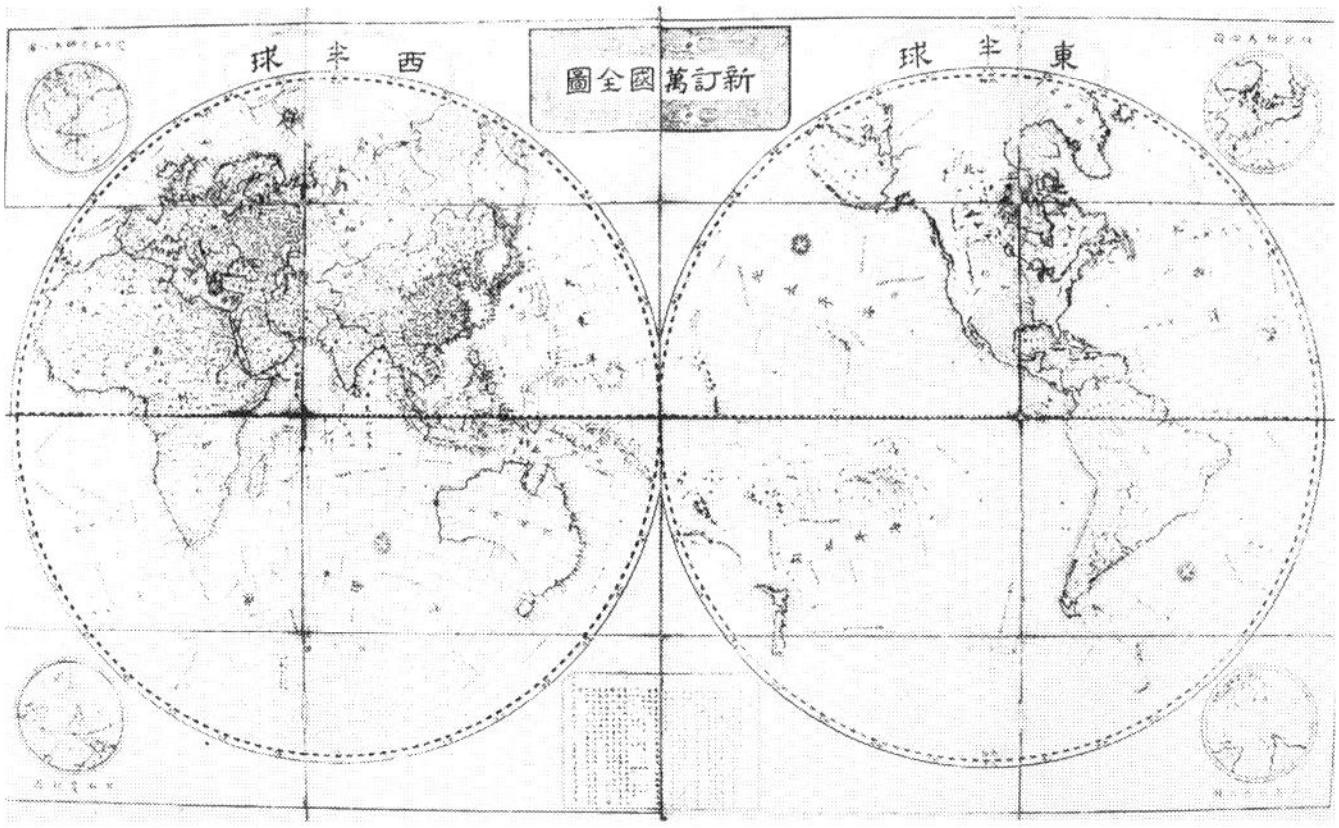

27．亜欧堂田善　新訂万国全図　銅版画

やがて多くの蘭学者が、銅版画による精細な解剖図を求めた。宇田川榛斎（玄真）は『医範提綱』を出版するさい、「毫《すこし》モ其真ヲ失ハ」ない銅版画解剖図を願った。これに応《こた》えたのが、文化五年（一八〇八）に出版された田善の『医範提綱内象銅版図』であり、わが国最初の銅版画解剖図であった。杉田伯元をして、「至二其功緻一亦不レ在二西洋之後一」（田善内象銅版図の功緻《こうち》に至りては、亦西洋の後に在らず）と言わせたのである。

　定信の銅版画に対する思いは、「新訂万国全図」（図27）によって結実したといえる。文化七年（一八一〇）、高橋景保をはじめ天文方の総知識を結集して下図がつくられ、田善はこれを基に腐蝕銅版画として完成させた。このとき定信はすでに幕政から退いていたが、「新訂万国全図」こそ、定信が蘭学から学びとった最大の成果であり、海防の金字塔であった。

第一一章　庭園芸術

一、三郭四園、南湖の作庭

松平定信は、寛政から文化年間にかけ、江戸で浴恩園、六園《りくえん》、海荘《はまやしき》を、白河で三郭四園《さんかくしえん》と南湖を、合計五つの庭園を造成した。まさにその数からして、大名庭園家の名に相応しい。

寛政六年（一七九四）、白河への帰藩が許されると、白河城内に三郭四園を作庭した。定信の白河城内の家居は、二の丸下屋敷であったが、老中辞任後、三の丸に御殿を造営し、住居とした。三の丸御殿は詰所・書院・居間などを雁行形式によって配置し、襖障子は青松葉紙・赤砂壁・赤松葉唐紙などを使用し、質素であったという。

庭園は、住居と比べると広大で、流水にあふれた。定信の居間である御坐室の前面に東園があり、南側に南園、西側に西園があった。庭園には池・滝・亭・橋・門・植物・築山などが見られ、不諠《ふけん》斎《さい》・赤松湾・松濤泉《しょうとうせん》・五詠嶼などの漢名による勝景地からなりたった。天の異名である太清《たいせい》から命名された太清池の蓮が繁華したさい、舟を浮べて紅白の蓮を観賞できた。その様子について、「蓮華の盛は、あつまの不忍にも、おさおさ劣らさる壮観なり」と岡本茲奘は伝える。漢名の勝景地については、定信の依頼により歌詩がよせられ、谷文晁も真景図を描いた。尾崎翰《ふみ》撰「名園指《し》掌《しょう》跋」(『近治可遊録』)によると、「…輯其諸什、装作一軸、属谷文晁図之、名曰名園指《し》掌《しょう》云」とある。文晁が描いた勝景図は、「名園指掌」という名称であった。現在、所在不明であるが、その下絵とみられる墨画が、白河市歴史民俗資料館に所蔵される。「甲寅(寛政六)冬十月写　於小峰山房　文晁(朱印)」と款記された「三郭四園南園真景図」である。南園を鳥瞰遠近法をもってとらえ、文晁が白河で描いた墨画である。

勝景地の詩に関し、池沢一郎氏が林述斎の「白河侯、其の城内後園(三郭四園)の小景を図して寄す。鄙《ひし》詩を需《もと》める。及ち就《な》る」(『蕉窓永言』)に嘱目された。定信は小景図を配り、画を参照させて詩作させたのである。前記の「三郭四園南園真景図」こそ、寛政六年頃の文晁の「名園指掌」下絵の一枚であった、と思われる。

南園の清風亭は、不諠斎とも呼ばれる茶亭であった。清風亭の北側に梅林・竹林が、その背後に馬場があり、常時打毬《ぴきゅう》もできた。東側に板塀があり、これにより東園との境をなし、余吾の関と名づけられた。池には橋や島が見られ、対岸に有斐亭などがあった。竹林・松林を進むと、観月のための月亭に出、そこより西園の滝や噴水を眺めると、深谷幽渓の感を与えたという。

一方、東園には松月亭があり、「御亭榭《うてな》月夜の景殊に奇なり」とされた。松月亭と相対するように、東の隅に惜月亭《せきげってい》があった。松月亭より惜月亭に至る景色は大和絵風であり、「祁寒《きかん》（大寒）の頃、比御園へは千鳥来」といわれ、四季絵のような様相を呈したのであろう。

三郭四園は桜花・紅葉・秋月・千鳥・雪景などを観賞でき、美観に富んだ回遊式庭園であった。定信の近侍田内親輔の『御行状記料』の「三郭四園記」によると、寛政六年に帰藩した定信は、三郭四園の復興に着手し、南園作庭を命じた。西園に関しては、「此御庭をつくらせ給ひしは、二度目の御帰城也」とあって、寛政八年（一七九六）の造園とわかる。東園については、「こゝは三度目の御帰城のとき、造らせ給ふ也」とあるから、寛政一〇年（一七九八）の作庭である。三郭四園を完成させるまでには、五年の歳月を要したのである。

定信は、三郭四園で詩歌会や琴棋書画の四芸会を催し、そればかりか武術や砲術の訓練もおこなった。琴棋書画とは、文字どおり琴を弾き、碁を囲み、書をかき、画を描くことで文雅なる遊芸の代表である。この四芸をたしなむことこそ、風雅な人でもある。『退閑雑記』によると、寛政一〇年頃、三郭四園内の西園を中心に四芸会が開催された。月亭で月の詠題が、花亭で花の詠題が、有斐亭で竹の詠題があてがわれた。定信と藩士らは、最後に月亭に集って清談し、泉亭での琴や笙などの演奏を聴きいった。四芸会は享保二年七月にも開催され、定信はじめ家臣らは園内で詞歌を詠みあった。定信は詩歌会や四芸会を好み、三郭四園のみならず、江戸の庭園でもしばしば開いたのである。

三郭四園と対になるのが、白河の南湖である。南湖は、広瀬蒙斎（典）の撰した『白河風土記』

によると、かつて谷津田川《やんた》（谷田川）の沼地であった。本多忠平の時代に開削されたものの、その後は、放置されて荒れはてたままであった。その結果、茅や葦の群生した沼地となり、これを大沼と呼んだ。安永六年（一七七七）、大庄屋藤田孫十郎が、ここに新田開発を計画するが、白河藩から許可されず、手つかずの状態であった。

定信が大沼の自然を配慮し、作庭事業にのりだしたのは、享和元年（一八〇一）である。月待山《つきまつやま》と小鹿山の間にある大沼土手を改修して千代の堤とし、築堤と浚渫《しゅんせつ》工事によって水を湛える湖として完成させた。定信の親友堀田正郭は、千代の堤と海防とかけて、「雨風にゆるかぬ千代の堤こそ、くにを守りのすかたなりけれ」と詠ずるほどであった。湖水工事の様子は、林述斎の「南湖詩二十韻」に、「不令而麕至《きんし》、冒雨況《いわんや》診晴、一日千万簣《き》、経営《けいえい》未積年、終《ついに》得功能遂」とある。定信の命がないにもかかわらず、たくさんの人が集まり、雨の日も晴の日も数えきれぬほどの簣《もっこ》が運びつされ、一年たらずで完成した、と伝える。

水門は千代の堤の東南に設られ、湖水は、関山の麓の旗宿あたりまで引かれ、新田開発がすすめられた。南湖は庭園であると同時に、新田開発の役目も担ったのである。

南湖は、湖周辺に松・桜・柳・楓などを植え、近くに小鹿山や関山などを、遠くに那須連山を借景とした。春の桜花、夏の湖面に落す深緑の樹影、湖水を渡る涼風、秋の月や湖岸の萩、冬の積雪の松、山峰白雪の景などを楽しむことができた。南湖の名称は、唐の李白の詩「南湖秋水夜無煙」に由来した。これは、李白が李曄《りえふ》と賈至《かし》に従って洞庭湖に遊び、三章からなる詩を詠むが、その第二章の起句である。

南湖は漢名で、和名を関の湖と称し、周囲に柵を設けず、「士民と共に楽しむ」庭園とした。定信は鏡の山（漢名・明鏡山）の麓に茶亭共楽亭を建て、「山水の高きひききも隔なく共にたのしき円居すらしも」と詠んだ。敷居を設けず、鴨居に竹を通しただけの共楽亭は、士民の円居《まどい》する場であった。近侍田内親輔も、「来遊者に皆憩息《けいそく》することを許し、山水の楽を衆と共に」なす、と伝える。こうした点は、藩の陪臣や家族の者まで、楽しむことを許した浴恩園とも、共通した理念なのであろう。

南湖造園にあたり、郷使役を統率し、力を尽したのは家老吉村又右衛門宣温であった。宣温は吉村宣年《のぶとし》の子で、文化元年（一八〇四）二月、五五歳で没している。宣温は南湖の竣工により、定信から湖月亭を下賜された。湖月亭は鏡の山の裾野に、共楽亭の東側に建てられた吉村家別荘であった。広田憲令の「陪遊湖月亭記」（『近治可遊録』）に、「今歳壬戌《みずのえいぬ》（享和二年）秋、吉村大夫改卜勝《かいぼく》地、移別荘、告功既竣」とあり、「越九月三日公小隊遊此」とある。つまり定信と陪臣一行は、享和二年九月三日、別荘湖月亭の見学も兼ねて南湖にでかけたのである。

一行は、水のみなぎる広い湖に舟を浮かべ、荻《おぎ》をかきわけ秋日の舟遊を楽しんだ。「北門・子中・蒙斎、及予（定信）択勝命名、於是丘壑洲嶼《きゅうがくしゅうしょ》皆得姓氏《せいし》、僧白雲自傍作図」とある。定信・北門・子中・蒙斎らは南湖の勝景地を択びだし、周辺の丘や島に名称を付した。その数は不明だが、のちの「十七勝十六景詩」の一七勝に続くと考えられる。驚いたことに、このとき、西遊から白河東林寺に戻っていた白雲が同行しており、南湖勝景地を描いた。白雲の「作図」は、残念ながら、現在まだ発見されていない。しかし寛政・享和の白雲の作画描法から判断し、真景図であった可能性はきわめて高い。おそらく、南湖勝景真景図の嚆矢《こうし》といえよう。定信は、九月三日の南湖遊覧にことのほか感動し、かつて赤壁に舟遊した北宋の詩人蘇軾《そしょく》を思いおこすほどであった。定信は、その日の夜、蘇軾の「赤壁賦」前編を書写したのである。

吉村宣温は文化元年に死去し、下賜された湖月亭は、定信認可のもと、息子の吉村宣猷《のぶみち》に委ねられた。吉村家は代々藩老であり、宣猷も定信に信任されて家老となり、君択・東里翠山・東里翠軒などの諸号がある。慶応三年（一八六七）八一歳で没した。宣猷は詩歌書札《しょさつ》を善くしたが、これは祖父宣年、父宣温の血を受継いだものと思われる。

吉村宣猷は、湖月亭のひき継ぎをたいへん喜んだ。そこで、湖月亭近くに大池を造って景観を整え、かつ父から亭をひき継いだ記念として、湖月亭の勝景詩歌を諸家に求めたのである。森銑三氏は、次のように報告している。

吉村又左衛門宣猷（又右衛門の誤りであろう）が、拝賜《はいし》の別墅《べっしょ》の景観を詠じた詩の投寄を乞ふために、私刻の一枚刷を諸家に送った。刷り物は『南湖勝覧』と題せられて居り、その南湖を中心にした風景を文晁が描き、宣猷が記文を添へてゐる。

吉村宣猷は、一枚刷木版画「南湖勝覧」を諸家に送った。現在、広島県立歴史博物館に所蔵される「南湖勝覧」（図28、29）は、縦一八センチ横六四センチの横長の木版画で、文晁の南湖図と宣猷の記文からなる。文晁は、北から南を望んだ南湖を鳥瞰遠近法をもって描いた。画面に勝景地が記されており、東に翠屏山、西に残雪崗、前景に湖月亭・遊鴎《ゆうおう》磯《き》・鎮風嶂《ちんぷうしょう》・濯島潭、中景に松嶼・釆菱渚・蒹葭州《けんかしゅう》、背景に関山・留春坳《おう》・紅楓湾・十里塘《とう》などをとらえる。湖月亭をほぼ中央に入れ、まさに湖月亭そのものを描いた南湖真景図なのである。

一方、「南湖勝覧」の記文で、吉村宣猷は「荒れはてた沼地を開削することによって、南湖は青々と水をたたえ、山水の名に相応しい景観となった。ここに別荘をいただいたわたしは、南湖を画にして各方面の友人に詩歌を求める」という。

山水を好んだ吉村宣猷は、文化三年（一八〇六）、自らの記文と文晁の画を添えた「南湖勝覧」を知己に配布し、湖月亭の寄題詩を依頼した。江戸留学中の宣猷の師であり、かつ広瀬蒙斎とも交友した尾藤二州は、依頼された一人である。二州は詩文集『静寄軒集』を著すが、その「巻十二」（拙修斎叢書）に「寄題湖月楼為吉村君択」とあって五言十句を載せる。『近世儒家文集集成』によると、「乙丑」、つまり文化二年（一八〇五）の漢詩である。

富山藩の儒者市河寛斎も、宣猷から依頼された。寛斎は文政三年に没するが、翌年『寛斎先生遺稿』が刊行され、この巻四に「吉邨大夫湖月亭」が見られる。湖月亭詩は七絶で、「千頃《けい》の湖光、月と宜しくす、一輪の月影、湖に到りて寄す、湖光の月影、誰か収取せんや、亭上の幽人、期にお

28. 谷文晁　南湖勝覧（左側は吉村宣猷の記文）　木版画　1806年
広島県立歴史博物館蔵

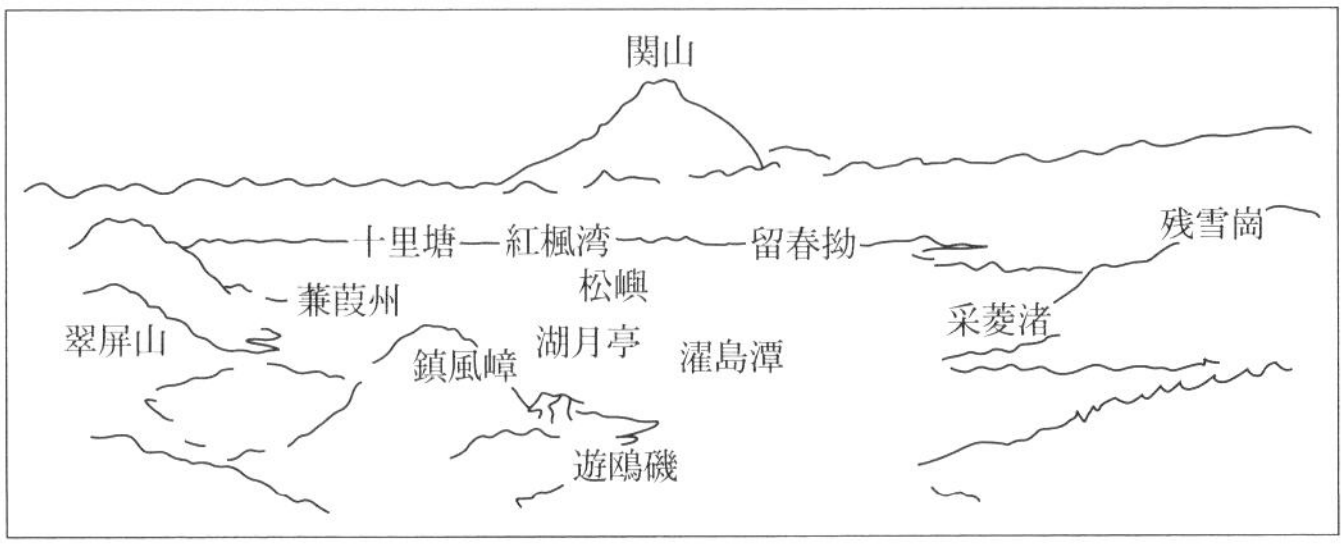

29. 南湖勝覧

わず」とある（『詩集日本漢詩』第八巻）。湖月亭からの南湖の月影は美しく、期待を裏切るものでない、という。寛斎は、吉村宣猷の湖月亭奇題詩のみならず、定信の南湖寄題詩にも応じ、「玉女島」を詩作した。

広島藩の儒員頼杏坪《らいきょうへい》も依頼された。文化から天保期に至る古今体詩を集めた『春草堂詩鈔』八巻四冊本が、天保四年（一八三三）に刊行された。この巻二に、南湖を開削して別荘を賜った吉村宣猷に、「湖月亭と名づけ寄題を覓《もと》む」と題して、七言古詩を載せている。

菅茶山も、湖月亭の寄題詩を求められた。『黄葉夕陽村舎詩』後編巻之三に「湖月亭歌、吉村大夫の索《もとめ》に応ず、白河吉村又右衛門名宣猷」とある。巻之三は、「古今体詩九十七首、自文化庚午至辛未」とあるから、文化七、八年に詩作したとわかる。茶山は、湖月亭奇題詩のみならず、定信の南湖寄題詩も依頼された。先学者らに嘱目された文化五年一一月一七日の条に「広瀬蒙斎書、公（定信）に逗月詩を命ぜらる」（「菅茶山日記」）とある。茶山は、定信から蒙斎を介して、南湖の寄題詩逗月浦を求められたのである。

このほか宣猷は、柴野栗山、古賀穀堂、熊坂盤谷らに湖月亭の寄題詩を依頼した。かれらは、文晁の『南湖勝覧』を鑑賞し詩作したのである。

一方、定信は陪臣を伴い、南湖の勝景地をしばしば訪れた。定信による南湖勝景地の数や名称は、徐々に変更され追加されたのであろう。勝景地一七か所は、文化一〇年（一八一三）以前に、遅くとも同一〇年には決定された、と考えられる。一七景は、次のような勝景地であった。

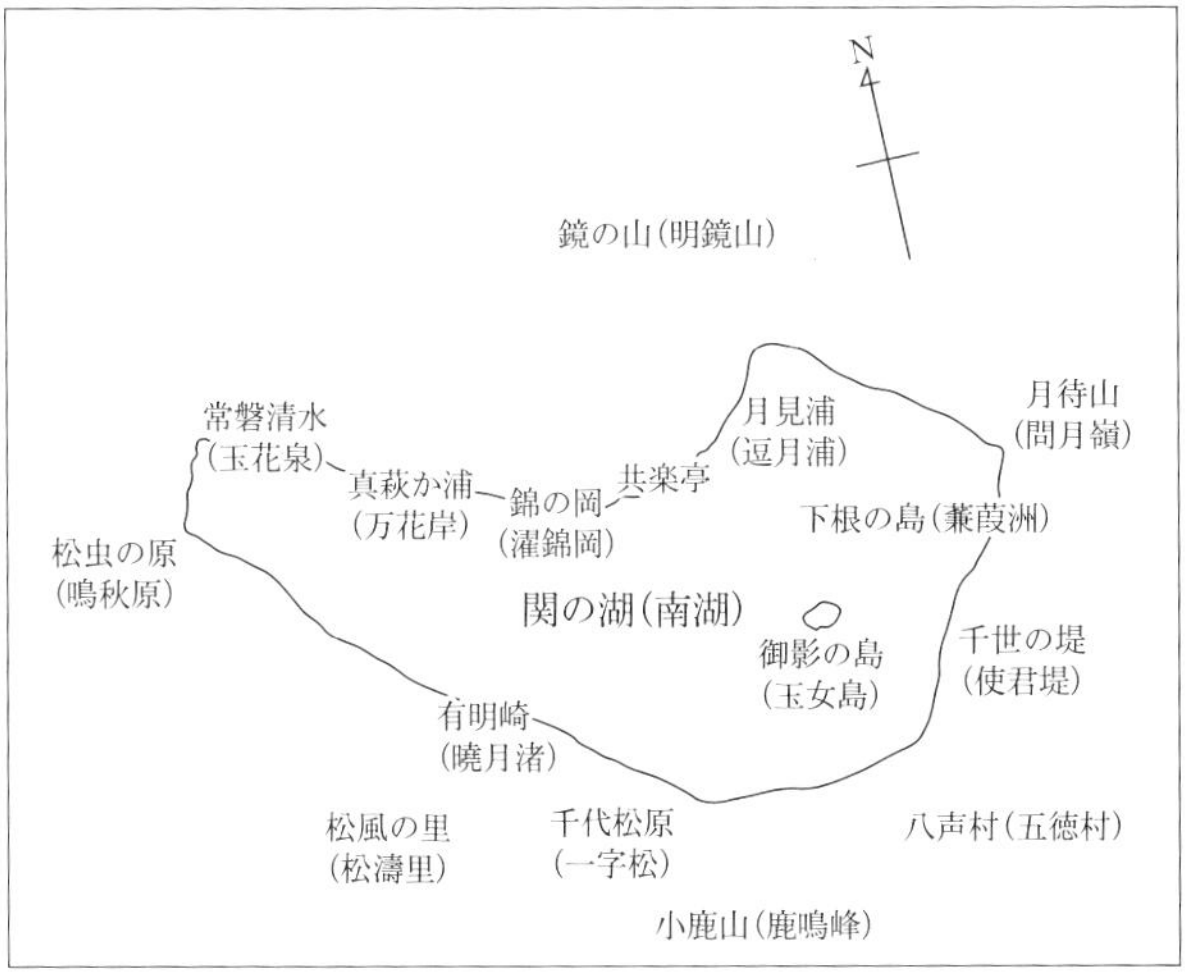

30．南湖と南湖景勝地

関の湖・南湖、共楽亭、鏡の山・明鏡山、真萩か浦・万花岸、錦の岡・濯錦岡、月待山・問月嶺、月見浦・逗月浦、常磐《ときわ》清水・玉花泉、松風の里・松濤里、松虫の原・鳴秋原、下根の島・蒹葭洲、御影の島・玉女島（図32）、千世の堤・使君堤、小鹿山・鹿鳴峰、八声村・五徳村、有明崎・暁月渚《ぎょうげつしょ》、千代松原・一字松である（図31）。一勝景地を和名と漢名で命名したが、最初が和名、あとが漢名である。例えば、関の湖が和名、南湖が漢名、鏡の山が和名、明鏡山が漢名といった具合である。もっとも漢名が、和名より先に決定された。

　漢名の由来については、広瀬蒙斎が「南湖小志」（『近治可遊録』）で解説する。例えば、一字松（千代松原）は「在湖西　松樹排植《はいしょく》　若一字形　官途往来蔽虧《へいき》湖面　塵垢《じんこう》之気　不相及」とある。こんもり茂る一の字姿の松から名をとり、その姿は世俗や心の汚れがない、というのであろう。定信の南湖寄題詩に応じた岡山藩の儒者井上四明も、「南湖十七勝十六景詩歌」で、「鬱如《うつじょ》として一字自ずから文をなす、落々たる高標《こうひょう》雲に入らんと欲す」と、松の姿の美しさを詠う。

鳴秋原《めいしゅうげん》（松虫の原）は、「湖路左右　皆是也　秋虫成群　唫嘯《ぎんしょう》幾般声音響於草中　金鐘児《きんしょうじ》最多琳々琅々《りんりんろうろう》　宮商《きゅうしょう》弁奏　韓文公云　以虫鳴秋　所以名」とある。群がる鈴虫が美しく調子を奏でる鳴秋原は、唐宋八大家のひとり韓愈《かんゆ》（韓文公）の文章「虫は秋に鳴く」から名をとった。後述する「南湖十七勝十六景詩歌」でも、福岡藩儒者亀井南冥は寄題詩鳴秋原で、虫の音を聞きわける昌黎《しょうれい》こと韓愈に「曽《かつ》て此の亭に抵《いた》るかと」借問している。

逗月浦（月見浦）は、「円月逗前浦　唐人之詩也蓋所以名　月夜遊人下共楽亭　来此渚而賞覧久之」とある。唐詩だけを抜きとった『唐詩選』中、風景詩にすぐれた常建の「西山」五言二十句に見られる「円月前浦に逗《とど》まる」から命名された。

定信は、広瀬蒙斎や吉村宣猷らを介して、南湖勝景地の詩歌を大名や公家、また諸藩の儒者に求めた。このとき、画と文の相互関係を熟知していた定信は、南湖風景図を添付したと想定される。南湖を一度も見たことのない遠方の知人は、絵画を見ることにより、その情景を具体的に思いうかべることができた。一体、南湖を描いた風景図は、どのくらいあったのであろうか。

まず享和二年に白雲の描いた南湖勝景真景図である。しかし、前述のように現在不詳である。

次に文化三年、文晁の描いた「南湖勝覧」がある。

文化一三年（一八一六）、定信の近侍岡本茲奘が南湖の真景図を描いた。定信は同年の秋、白河甲子に湯浴し、のち塩竈神社に詣で松島を見学したあと、初冬に白河に帰り、南湖で一日を過ごした。その際、岡本茲奘は南湖を描いた。この図は未詳である。茲奘はこのほか、「奥州白河南湖真景図」を天保一一年（一八四〇）に完成させた。これは「天保十一庚子初冬十一日」の南湖南面の図と「同十二日」の北面の図からなり、茲奘の『感徳録』の副本である。茲奘の南湖真景図は、「明治十七年十二月下浣」に造園史家小沢圭次郎によって再び模成された。

文化年間、文晁の弟子星野文良が「南湖風景図」を描くが、これは後述の「南湖名勝図並詩歌」の巻首に見られる。

これらのほかにも未見のもの、また新たに発見される南湖風景図もあるかもしれない。現状から判断し、南湖一七勝の寄題詩を依頼された儒者・公家・大名は、詩作においてどの画を参照したのであろうか。すでに吉村宣猷から湖月亭寄題詩を求められた人々は、文晁の「南湖勝覧」を見ていた。かれらのうち尾藤二州、菅茶山、市河寛斎、頼杏坪らは、南湖寄題詩の依頼にも応じた儒者である。また白河藩の儒者らは、文晁の「南湖勝覧」を、また南湖の実景を容易に見ることができた。したがって南湖の正確な描写、作品の枚数や大きさなどから判断し、南湖寄題詩の依頼においても、定信は文晁の「南湖勝覧」を利用した、と考えられる。逗月浦・蒹葭洲・明鏡山などといった南湖の個別の勝景画は不要である。儒者らは、漢名の地名を知らされれば、それだけで詩作できるほど、中国古典籍に詳しかった。湖月亭寄題詩の依頼でも、個別的勝景図、例えば湖月亭そのものの図などなく、また不要である。南湖全体の風景図が重要なのである。肉筆画の南湖風景図が観照されたとしても、あくまでもかぎられた友人のみであって、主要となったのは、皆に共有できた木版画である。「南湖勝覧」は村瀬栲亭、市河寛斎ら多くの儒者に、まだ見たこともない洞庭湖、蕭湘、西湖などを表象させるのに十分だったのである。ただ「南湖勝覧」は、少なくとも数十枚刷られているだろうが、正確な印刷部数はわからない。

文化一〇年頃までに、諸国の大名・公家・儒者らは、懐紙や短冊のかたちで詩歌を定信に寄せた。これらの詩歌を巻子本としてまとめたのが、藤田記念博物館の「南湖名勝図並詩歌」である。星野文良は、定信の詩文風雅を察したのであろう。写生派の作風というより、穏やかな色彩と柔らかな筆法による大和絵風作品「南湖風景図」を巻首に載せている。南湖一七勝の寄題歌を寄せた歌人は、定信をはじめ、近衛基前《もとさき》、芝山持豊《もちとよ》、加納久周、広橋伊光、烏丸資董、牧野忠精、小笠原長堯、佐竹義和《まさ》、大久保忠真、有馬誉純《しげすみ》、堀田正敦、阿部正精、土井利徳、広橋胤定、三条実起である。

一方、詩人は、林述斎をはじめ、尾藤二州、村瀬栲亭、樺島石梁、沢良臣、菅茶山、井上政矩、篠崎三島《さんとう》、頼杏坪、亀井南溟、辛島塩井、市河寛斎、古賀精里、立原翠軒、広瀬蒙斎、大塚桂、井上四明である。

このうち沢、井上政矩、広瀬、大塚は、白河藩の儒者である。今、二、三の詩歌を紹介しよう。

南湖の勝景地一七勝の詩歌は、その全体を大学頭林述斎の「南湖詩二十韻」によって総括する。述斎は、湿地帯を造営して湖とし、景観を整えて民と守とが舟遊びをし、共に楽しむようにさせた、と定信を賞賛する。

一七勝の詩歌で、南湖の北側にある鏡の山（漢名明鏡山）について、定信は、

湖の　ここもかゝみの　山なれや　こゝろうつさぬ　ひとしなければ

と詠う。一方、京都出身で武田梅龍について古学を修め、秋田藩に招聘された儒者村瀬栲亭《こうてい》は、次のような詩を定信に送った。

使君堤作南湖出
共楽亭開圧酔翁
淡粧濃抹烟波色
応映天辺明鏡中

使君の堤作りて南湖を出《い》だし
共楽亭開いて酔翁《すいおう》を圧す
淡粧《たんしょう》濃抹《のうまつ》烟波《えんぱ》の色
応《まさ》に天辺明鏡のなかに映ずべし

韻字は翁・中で、「使君」は定信であり、「淡粧濃抹」は、西湖を眺めた唐宋八大家のひとり蘇東坡が詠った詩句である。定信の作った南湖を眺め、人は共楽亭に酔う、南湖の水けむりは、きっと月の鏡に照り映える、と湖面の月の美しさを詠うのである。

また南湖の南にある山を小《お》鹿《じか》山（漢名鹿鳴峰）と称し、福山藩主阿部正精は、

をしか山　月にはなれし　つまこひの　うらみやふかき　関のみつうみ

という和歌を寄せた。一方、水戸出身で彰考館の総裁にもなった儒者立原翠軒は、次のように詩作した。

湖南草色一峰均
閑客往来山鹿馴
侯駕時々遊予処
呦々声似待嘉賓

湖南の草色一峰均《ひと》し
閑客《かんきゃく》往来して山鹿馴《な》る
侯駕《がじ》時々遊予《ゆうよ》する処
呦々《ゆうゆう》の声、嘉賓《かひん》を待つににたり

韻字は均・馴・賓であり、「侯」は定信である。湖周囲の草は鹿鳴峰へと続く、閑人の往来に鹿も馴《な》れて、定信がここに来て休めば、鹿が鳴いて迎える、という。

築堤し松を植えた千代松原（漢名一字松、図31）にかんし、公家の三条実起は、

立ちならふ　みとりの色の　さかえつつ　すえかきりなき　ちよの松原

と詠う。一方、岡山藩儒者井上四明は、次のような詩を定信によせた。

鬱如一字自成文
落々高標欲入雲
晩翠千秋長不変
願将此操奉邦君

鬱如《うつじょ》として一字自ら文をなす
落々たる高標《こうひょう》雲に入らんと欲《ほっ》す
晩翠千秋《ばんすいせんしゅう》長《とこし》えに変らず
願わくはこの操《みさお》をもって邦君に奉ぜん

韻字は文・雲・君で、「邦君」は定信である。うっそうと茂る一字の姿の松、高くそびえ雲に入る、松の緑は永遠に変わらない、私の節操も変わることなく定信にささげよう、というのである。

こうした南湖一七勝の寄題詩が、諸国から寄せられた。それらは「南湖名勝図並詩歌」としてまとめられ、かつ「十七勝十六景詩歌碑」が文政三年（一八二〇）に建てられた。碑の表面に和歌が、裏面に漢詩や林述斎の「南湖二十韻」が刻まれる。碑面は風化して読めないが、幸いにも拓本がある。その末尾に「陸奥国飯坂杜文剛謹鐫」とあって、刻者名がわかる。文剛は伊達《だて》飯坂《いいさか》の石工で、「都下良工の名誉ある石工慶雲」のもとで修行した職人であった。

定信は南湖で、優遊文雅にのみ浸ったわけでない。岡本茲奘は「南湖」（『感徳録』）で、次のように報告している。

31．千世の堤・使君堤（現在の南湖）

32．御影の島・玉女島（現在の南湖、左手）

白河は山国にして山川なれは、舟は見ることさへなき故、士民舟おす業は絶て知るものなし、諸士は舟漕わざも心得居へきことそ、自然の事ありて海国へ行たらむには助けになるへきとの御掟にて、舟を造らしめ、湖上に舟を浮へ漕業を学はしめ爰におひて諸士年壮の者始て舟のかけ引を覚へたり

定信は南湖を海にみたて、操舟訓練をし、船舶技術を学ばせた。この訓練は、文化七年（一八一〇）白河藩が房総沿岸防備の幕命をうけたとき、大いに役立った、と続けている。さらに、摂州呉田の豪夫吉田喜平次が造った大船の雛形を白河に送らせ、諸士年少のものに「大海四通する大船」を理解させた。定信は幕政から身をひいても、海防問題に留意していたのである。これぞ定信が治者としての「我職分をわすれず」に、風流清雅に浸った姿なのであった。

二、浴恩園、六園、海荘の作庭

江戸の名物は火事といわれるが、明暦三年（一六五七）の大火は、江戸城本丸、二の丸をはじめ、諸侯邸宅、神社仏閣、町屋などを焼払い、江戸の姿を一変させた。再建にあたり大名屋敷の配置は、上・中・下屋敷の性格を結果的に規定した。火災防止のため、吹上の御三家や譜代の屋敷は、城外に移された。大名の上屋敷は、城内への参上出動をかんがみ、従来通り大名小路や外桜田などに集

められた。中屋敷は外濠の内縁におかれ、下屋敷は海辺や郊外に配置されたのである。配置により影響された大名屋敷は、上屋敷が藩主の公邸となり、中屋敷は家督を譲った藩主や嗣子の邸宅となり、下屋敷は藩から送られてくる海上物資の集積所となった。ただ下屋敷は藩主の休息する別邸でもあったから、広大な敷地に築山・築池・借景などをもって作庭された。名園と称するものは、下屋敷に多く、代表的なものに浜町の細川邸、牛込戸山の尾張藩下屋敷の庭園、駒込の川越藩下屋敷の六義園などがあった。浴恩園も、名園のひとつとされる。

浴恩園の築地《つきじ》は、もと一橋家下屋敷の土地であった。『宇下人言』に、「一橋の御別荘向築地にあり。これは去年去々年の波うち揚で御石垣も過半くづれたるうへ、御やしきに住む人もみなおそれて外へうつり度とはいふ也。これによて一橋にてもこのやしきを外へ御ゆづり被成度との御所願なり」とある。すると一橋家も築地を譲り、別の土地を所望していたのである。そこで土地交換となったが、最終的には松平定信、酒井忠道、田沼意明、水野日向守らの相談の結果、定信が築地を入手した。もっとも金銭あっての交換であった。定信が、将軍からの下賜というかたちで、一万七千坪の土地を入手したのは、寛政四年（一七九二）で、老中首座のときである。

定信が浴恩園と名づけたのは、『退閑雑記』に「おほん恵の浅からぬをもてその名」とする、とある。すべてこの「おほん恵」に浴すればこそ、「花をめで紅葉をもてはやし、小樽を携へて心ゆたかに散歩」できるという。しかも定信一人でなく、「わが藩の士女にも日をさだめてこゝに行て遊び楽しむ事をゆるしぬれば、士女のいやしきまでも」が「おほん恵」に浴せるという。そこで定信は、感謝の気持をこめ、「月にむかひ雪をめづるもおほけなき君が恵の露の花園」と詠むのである。

浴恩園は寛政五年頃、造園に着手され、寛政六年（一七九四）には、ほぼそのかたちを整えた。これは谷文晁による同年の「浴恩園図記」からわかる。文晁は寛政六年六月、定信の入封に従って白河に赴いたから、この図記を四、五月に完成させたと考えられる。浴恩園一七勝景図と広瀬蒙斎の勝景解説文からなる「浴恩園図記」は、明治一八年に朝岡且嶠《たんきょう》により模写された。且嶠は、文政六年に江戸で生まれ、斎藤月岑《げっしん》著『江戸名所図会』の挿絵画家として知られる長谷川雪旦《せったん》の弟子である。

寛政六年完成の浴恩園は、春風の池と秋風の池の両泉水を中心とした回遊式庭園であった（図33）。両泉水は、秋風の池に造られた水門を開くと、江戸湾の潮水が流入した。春風の池には名ごりの島が、周囲に春風館・花月亭・露台などがあった。秋風の池には松の小島などが、周囲に秋風館があった。定信の居館千秋館は、両泉水を見おろすような場に設けられた。

千秋館は南側に大きな松と桜が植えられ、四時松風の音が聞かれた。東側に養気室、風月簃《ふうげつい》（わきべや）があり、養気室正面に大梅が植えられていた。西側に益壮館があり、その北側に定信の書斎日新簃があった。これらすべてを備えた千秋館は、数百坪の建造物となる。

千秋館は、輪王寺親王の揮毫による館銘の額を掛け、かつ唐の書家欧陽詢《おうようじゅん》の渉世《しょうせい》十法を刻んだ懸額も掲げた。館内の部屋には、「清風明月」、「風月」といった掲額があり、定信の好んだ山水画

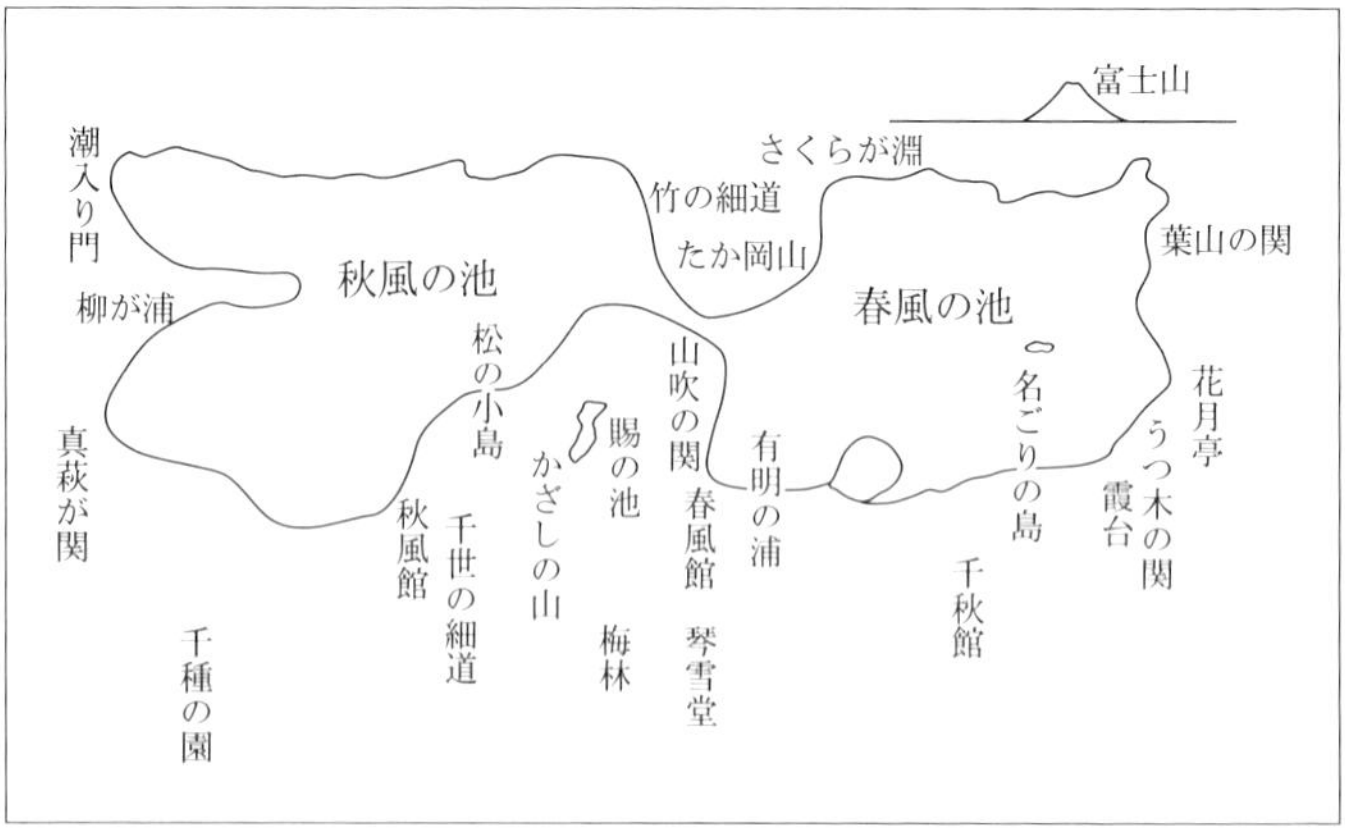

33. 白河藩下屋敷浴恩園

も飾られた。施設の銘は千秋館のみならず、浴恩園内の各建物に見られた。衆芳亭には「衆芳」、感応殿には「感応殿」、秋風館には「秋風」、花月亭には「浸月」・「繞《じょう》花《か》」などで、それらは公家・藩主・儒者らの揮毫による額であった。

　定信は、浴恩園の勝景地を選び命名した。参考にしたのは、各地の名勝地や園内に群生する植物などである。例えば、春風の池に名《な》ごりの島があり、この名は塩竈の浦へ行ったとき、「明ぼのに松島のほの〲とまぢかきが二つばかりみえ」るのを忘れられず、この島を見れば、必ずその曙のことを思い出すところから名づけられた。有明の浦は、「有明のうちよりあけぼのころみれば、こゝらのふちの花うちかすみて、横雲のたなびくやうに」見えるところから命名された。千《ち》種《くさ》の園は、多種の薬草を栽培したからであり、かざしの山は藤桜・山吹・紅葉などを植栽したためであり、賜《たまも》の池は将軍から拝領した蓮を植えたからであった。

琴雪堂は、北側に臥龍《がりゅう》の姿をした大松があり、「松を琴とし梅をきさらぎの雪」としての命名であった。

定信は浴恩園の勝景地を利用し、詩歌会や四芸会をしばしば開催した。琴棋書画四芸会の様子は、『退閑雑記』からもわかる。寛政九年（一七九七）一〇月の四芸会を次のように伝える。

初め秋風亭にて書画などあり。かたはらにて琴をひく、棋局は感故亭にてふたりみたりよりよりあひてうちあふ。夕ぐれより春風館へみな伴ひて、詩つくり歌よみ、催馬楽などうたひ楽しむ。杯もめぐり〳〵て人々興に入る頃、遊仙山のあたりより月出て、池上銀波をしく。（中略）その頃小艇に箏《こと》と笙ひちりきなどするものをのせて、楊柳池のあたりより漕出したれば、亭上にても箏などふきあはせ侍る。いとおかし。林歌青海波など残り楽興じたり。それよりからめきたるのみも興あらじ。申楽のうたひものよくするものありければ、これらうたひものす。それより画にしたがひて詩つくり歌よみ、興いまだ半なる頃、夜ふけてはいかゞなりとてかへりぬ。

風なく、雲ひとつない小春日和、定信と友人らは四芸にひたり、酒に酔い、仲秋の名月を観照しながら舟遊を楽しんだ。一行の「詩つくり歌よみ興」じた四芸会の一日の様子が、彷彿と伝わってくる。それにしても「夜ふけてはいかゞなりとてかへりぬ」とは、用意周到のいかにも定信らしい行為である。

白河藩は八町堀に上屋敷、蠣殻町に中屋敷、築地、深川に下屋敷を所有した。文化九年（一八一二）、定信は致任し、嫡子定永に家督を譲ると、すぐ浴恩園に移った。定信はこのとき、『花月日記』を起筆した。『花月日記』は、文化九年から文政一一年（一八二八）までの一七年間におよぶ逐日《ちくじつ》の雅文体日記である。定信は起筆の四月六日、念願かなってやっと隠居の身となり、

やすげなき世ならばいかで世を捨て此たのしみの身とならなむ

という。世俗を離れ、たのしみの身に浸ることを決意し、楽翁と号したのであった。楽翁とか花月老人と称した定信は、花鳥風月を友とし、友人と風雅清談にふけり、多くの和歌を詠んだのである。定信は観月のみならず、富士の眺望を好んだ。浴恩園の千秋館二階の明月楼から「座してふじ」が見え、また春風の池近くにある露台からも、「ふじハさらなり、はこねの山」までも見えた。定信は富士の和歌を好んで詠み、富士山という能も楽舞台で演じさせた。文化一〇年（一八一三）一〇月一日の条に、

起出てミれバ、いと晴わたりて、ふじのましろにミえたるぞ、いのちのぶるこゝちす、

朝附日さすものどけき久方のミどりの空に雪のふじのね

とある。また文化一三年（一八一六）元旦、定信はいつもより早く起きて露台に登り、「千世の春ハ空にもミえは朝附日匂ふ霞のふじのしら雪」と詠った。同月九日の条には、「空の色はこねの山の深緑、中にはへあるふじの白雪」とあり、青と緑色のなかに栄える白色（白雪）の富士に感激している。

これらは一例にすぎない。定信は浴恩園のみならず、飛鳥山など江戸各地から富士を詠み、富士の画賛にも答えた。

福山藩の儒者菅茶山も、富士を好んだ。茶山は藩命により、文化元年と同一二年の二度、江戸に赴いた。二度目の滞在中、定信より広瀬蒙斎を介して浴恩園に招聘された。浴恩園勝景地の寄題詩を求められてのことである。茶山は広瀬豪斎と旧知の間柄で、すでに文化五年、定信の南湖勝景地のうち、逗月浦の寄題詩を蒙斎から求められた。おそらくこの年と前後して、福山藩主阿部正精も南湖勝景地のうち、小鹿山の寄題歌を定信より依頼されたのであろう。

『花月日記』二月五日の条に、

ひるつかた茶山をまねく。齢もいとたかし。林の君も、詩は茶山、文ハわが方の典（広瀬典）なりと、つねに賞し給うほどの人なれバ、この亭榭によて、からうたこハんとて、よびたる也。

とある。二月五日、茶山は浴恩園へ出かけ、春風の池や秋風の池を巡った。茶山は春風館で定信と会い、宴席のなか杯をとりかわし、両人は詩歌を詠じた。その後、春風の池に船を出し、富士を観照した。その様子は、文政七年（一八二四）の「浴恩園図並詩歌巻」末部にのる田中月堂跋文からわかる。今もって写真でしか見ていないが、すでに岡野将士氏も嘱目された次のような文章である。

いつか夕月の影そひぬれハ岸につなけるともつなとく〳〵船出して桜の渕よりすまの浦こきめくり、千とせの浜にうちよせて、こゝより望嶽台にのぼりてミさくれハ、時しらぬ白雪もゆふいる日かげにきえはてゝ、ミな月の空おほゆるまていとめつらし。やがて御筆そめさせ給ひて、

ふし黒く　夕月しろき　さゝ浪に
はるをよそなる　から風をふく

となむ。人々も聯句なとめくり究せぬ御興也。

定信、茶山らは、園内の桜の淵（花潭）から須磨の浦を巡り、千歳《ちとせ》の浜（松濤汻《しょうとうはん》）で下船した。ここは、松風の音を波にたとえた岸辺だったのであろう。ここより千秋館にむかい、二階の明月楼から富士を見た。文中の望嶽台は、明月楼の別称である。このとき、夕月と対比した富士の色彩が、美しく、富士は影絵となって黒かった。定信は、黒い富士を好んだ。『花月日記』にしばしば黒い富士の詠歌がみられるからである。文化九年（一八一二）一〇月四日、「ふじのくろうミえたる、いとおかし」とし、「夕附日入てのゝちハ霧晴て墨絵おぼゆるふじの芝山」と詠った。文化一〇年一一

月一二日には、谷文晁が「黒く夕のふじを画」き、これを歌題とした。もっとも「黒く夕のふじ」は、未詳の作品である。現在見られる文化一二年の墨画「富獄図」、文政七年の墨画「江の島遠望図」、また制作年不詳の絹本着色の「隅田川両岸図」などは、どれも白雪の富士である。

定信の富士は夕月、夕日と関連した。富士は旭日・鶴翔・夕立・快晴などと結びつくが、夕月との組合わせは珍しい。したがって白（白雪の）富士や赤富士と異なり、黒富士はほとんど見られない。夕映えや月光に照らし出された、影絵のような黒富士は実景であり、定信はそこに美を認識し、観照したのであろう。こうした定信の叙事的態度は、他の和歌にも共通すると考えられる。同時に、文晁の描いた墨絵の黒富士も、真景図の一種であったと思われる。

浴恩園から富士が見えたことは、星野文良の「浴恩園真景図巻」からもわかる。星野文良は、白河藩の絵師で、はじめ同藩の巨野泉祐から学ぶが、江戸に出て谷文晁の写山楼門人となった。享和三年（一八〇三）、一五歳のとき、定信の命による「石山寺縁起絵」の模写事業に、文晁に従って参加した。文政五年、浴恩園の梅・桜・桃・蓮花を写生し、定信のみならず、嫡子定永にも仕えた。野村文紹手録の写山楼門人姓名に「星野文良　桑名藩」とある。「浴恩園真景図巻」は、文政五年頃定信の命により、定信著『浴恩仮名之記』をもとに制作された。上巻九図のうち、千秋館より春風の池を眺望した一図がある。前景に千歳の浜や露台を、中景に春風の池に点在する小島を、背景に霞んだ初夏の富士を描く。

また、「天保十一年庚子《こうし》」と款記される岡本茲奘の「浴恩園真写之図」は、自著『感徳録』の副本である。「真写」といっても、視点の統一、対象の距離感、大小の区別などはなく、園内の個々の対象物を図解した絵図である。この真写図の右上に、遠望された白雪の富士が見られる。

定信は富士のほかにも、観桜を好んだ。浴恩園は、桜が淵といわれるくらい桜の名園であった。春風の池の卯木《うつぎ》の関をぬけると、花月亭があり、ここに桜並木があった。『浴恩園仮名記』は、この辺りを次のように説明している。

（卯木《うつぎ》の関を）こゆれば、右は池左は桜のなみ木にて、きぬ桜といふもこゝにあり。遅桜にて色かことなれば、ときはとともにめづる木なり。こゝに亭あり。浸月の額を小田はらの君かき、繞《じょう》花《か》のは村上の君かき給ふ。二つをあはせて花月亭といふ。げに花の梢をみるはこゝなりけり。

遅咲きの桜は、大塚の白河藩抱《かかえ》屋敷六園《りくえん》にも植えられた。六園の名称は、春園・秋園・集古園・百菓園・竹園・攢勝《さんしょう》園の六部からなることに由来した。集古園の石蔵には、定信の蒐集した古画・古書・古物をはじめ、『集古十種』の版木などが収められた。攢勝園には、奇品の植物を浴恩園から移すなど、珍しい草木が植えられた。桜・椿・梅・楓などは春園・秋園に見られた。

深川の海荘《はまやしき》は、六園と同様に松平家私有地である白河藩抱屋敷で、定信が最後に造成した庭園である。江戸湾に接し、房総半島の山々、羽田、品川沖からの富士を遠望できた。中央の松月斎から園庭を一望でき、また舟を出して回遊もできた。明治一七年一〇月、小沢圭次郎の模写した「松月斎（海荘）真写之図」の湖辺に開花した桜がみられ、その名称を遅咲きの「普賢象」としている。

また図の下部に「問影丸」と「探香丸」の二隻が、海路より海荘に着いた光景を描いている。

定信は浴恩園で観桜し、六園の桜に浸り、一番遅咲きの普賢象桜を見学するため、江戸湾を探香丸や問影丸で往航し、海荘へ向かったのである。白河藩屋敷内の桜のみならず、飛鳥山や隅田川岸辺の桜も楽しんだことは言うまでもない。

星野文良は定信の命のもと、文政五年（一八二二）三月、浴恩園と六園（春・秋両園）の桜花を描いた。「桜花画譜図巻」である。桜花を彩色の濃淡によって描き、花や葉を表裏両面から博物学的観察をもってとらえる。星野文展は同年、桜花のみならず浴恩園の梅・桃・蓮花も描き、植物図譜的図巻としてまとめた。

浴恩園も海荘も、眼前に江戸湾があり、江戸湾は、借景として泉水に見立てられた。定信は『菟《と》裘《きゅう》小録』で、庭園に関し、

たとへ海などみゆるにあらねども、木だちといひ、吹かぜまでも、海のおもむきはあるなり。それをみやまのつきにつくらんとしては、おのづからのけしきにさかふものなり。

という。定信の作庭法の一端である。さらに具体例をあげれば、池を掘る地勢なら、池を造るべきで、そこに田を造れば「似あはぬ景色」となる。また松にしても人の手を加えすぎると、「七五三の膳部《ぜんぶ》の上をみるさまして興なし」という。浴恩園の勝景地石苑（さざ波の谷）は、石組のなかに

泉水があり、大石を源流に、小石を末流に配置した。定信の言う「おつるときのおのづからの姿」にまかせていたのである。

定信にとって、造園は「もとより地勢にしたがふ計なり。わが心にたくはふる事」によるのでない。そして「野山のまなびなれば、のやまにあきたるものは、庭をまたのらとせむ心もあらじ」という。つまり定信の作庭法は、人為的技巧によらず自然の節理による。換言すれば、造形における感性の論理は、自然存在の道理と一つであるべき、との主張である。定信にとって感性の論理は、芸術の純粋性を追求する感性論理の無制的な活動でない。感性の論理は、造園をはじめ、すべての芸術表現を含め、常に人間の倫理、儒教的道徳に依拠する。だからこそ自らの「職分をわすれずして」、花鳥風月を楽しむことが、「真の風流《みやび》」だ、と言い切るのである。

定信の「地勢にしたがふ」作庭法は、定信固有のものでない。橘俊綱は自著『作庭記』で、石組の戒めるべきこととして、「禁忌《きんき》といふは、もと立ちたる石をふせ、もとふせる石を立つるなり」という。この発言などは、自然の節理による作庭法の典型例といえよう。定信の造園観、自然観は、江戸の庭園のみならず、白河の南湖、三郭四園にもつらぬかれた。

浴恩園は、松・竹・柳といった常緑樹から、梅・桜・藤・牡丹・菊・桃・椿・山茶花などが咲きほこる百花繚乱の庭園であった。定信は文化年間はじめ頃から、『源氏物語』、『伊勢物語』、『和漢朗詠集』など多くの古典を書写した。雨天での書写は、定信の楽しみであり、「源氏をも七部とし、万葉集・廿一代集も二部かきぬ」とある。晴天には日々庭を巡り、春の観桜、秋の観月など花鳥風月を友とし、また四芸会や歌会を定期的に開き、酒宴を催し、多くの友人に恵まれた。

嫡子定永と室綱子は二人して、ときに一人でよく訪れた。「(定永)あそ、つな子きたり給う」との文章が、『花月日記』に頻繁に見られる。定信とともに庭を散策し、杯を傾けている。身内のみならず、定信の晩年まで側役として仕えた田内親輔、歌人で漢学にも精通した北村季文もよく訪れ、和歌の相伴役となった。定信の和歌を賞賛した林述斎のみならず、心おきなく語りあえる友、堀田正敦も歌会によく参加した。なかでも林述斎は、『花月日記』にも「林の君」とか「林の君来り給ふ」とあり、最も親交厚き友人の一人であった。北村季文も浴恩園勝景地の和歌を依頼され詠じた。もっとも幕府の文事は、儒学の林家を筆頭に、神道の吉川家、歌学の北村家が保護されていたから、述斎や季文との親交は当然のことでもあろう。谷文晁も、ときおり季文と一緒に浴恩園に来て、千秋館で描いた。このほかの来園者として、松浦静山、根岸鎮衛《やすもり》、屋代弘賢、水野為長、松平冠山ら枚挙にいとまがない。定信は儒者・歌人・絵師・藩主・藩士・身内らと清談し、浴恩園を一種の文事的サロンと化したのである。

しかし職分あっての真の風流を求める定信は、浴恩園で風流清雅のみに浸ったわけではなかった。政務から退いたとはいえ、海防問題を気にかけていた。白河藩は、定信致仕前、会津藩とともに房総沿岸の防備を命じられ、定信致仕後の文政元年(一八一八)、再度幕府より房総警備を命じられ、出兵を余儀なくされた。文政四年(一八二一)、房総勝が崎台場を富津《ふっつ》に移すべしとの命をうけた。その任は定永に託されたが、このことが定信の海防憂慮の一因であったかもしれない。定永が海防の任を解かれたのは、文政六年（一八二三）伊勢桑名に移封されたときであった。海防に憂慮する定信は、渋沢栄一氏も指摘されたように、文政四年九月二八日の『花月日記』に、

患は、害心船をうち払ひて長き恨をのこすか、または乗り入る時、火術もはかぐしからで防き得ず、江戸海の御備も俄かにて、人情の騒ぎなすかの大患に心用ふる人なし。かくては防禦の任おふも心なけれど、まず我が方にても心尽せば、それだけの御為にもなりなん

と記す。幕府の海防への怠慢や無関心を嘆くのである。定信は、寛政の改革路線がくずれ、再び綱紀が紊乱し、動揺しだした幕藩体制を憂うることこそ、自らの分を守ることと考えていたであろう。定信は、文政六年定永の桑名移封後も、浴恩園にとどまった。

文政一二年（一八二九）三月、神田から出火し、江戸は大火となった。白河藩上屋敷、中屋敷、浴恩園も焼失した。病臥の定信は、三田の伊予松山藩中屋敷へ移り療病にあたったが、快復しないまま五月一三日に死去した。享年七二歳であった。翌月五日、深川の霊巌寺に葬られ、歯骨と装束は桑名照源寺に納められた。

おわりに

私が福島市に移り住んだのは、数十年前である。毎年春ともなると、県南部の白河に出かけた。白河への小旅行は、同地の南湖公園の桜に魅了されてから、私の習慣ともなったのである。今年も桜の開花状況に思いをよせつつ、電車に飛び乗り、車窓から新緑の山々をぼんやり眺めつつ、白河にむかった。

南湖公園には、湖の周辺に詩歌の書かれた小さな石柱と看板が立ち並ぶ。それらの詩歌は、定信をはじめ諸国の大名、儒学者、公家らがよせた南湖寄題詩歌である。私は観光客のいない南湖のほとりに立ち、寄題詩歌を小声で詠じ、湖周辺を散策した。湖面から流れくる微風は快く、春の一日を心ゆくまで南湖で満喫できたのである。

南湖は、定信によって「士民共楽」の理念のもとに造営された庭園であった。定信は、江戸と白河に五つほどの庭園を造ったから庭園大名と呼ばれるのに相応しいが、五庭園のうち現存するのは、唯一南湖だけである。定信と陪臣ら一行は、かつて南湖に幾度となく足を運び、春の桜花や秋の観月を楽しんだ。また湖水に舟を浮かべ、渡りくる涼風、湖面に映じる月や深緑の樹影を享受し、南湖の勝景地を選び出していったのである。

私も土手から湖を見るのでなく、湖水から周囲を見たいと思い、ボートを借りて漕ぎ出した。舟上から周辺の名山関山をはじめ遠方の那須連峰まで一望でき、南湖は借景庭園であるとすぐにわかった。ただ谷文晁の南湖風景図を持参しなかったため、この風景図と南湖とを比較検討できず、この点は返すがえすも残念であった。

さて平成二〇年は、定信生誕二五〇年にあたった。昭和四年の没後百年祭典ほど盛況ではなかったが、定信ゆかりの各地でいろいろなイベントがおこなわれた。定信の白河藩主の地、福島県白河市では、生誕二五〇年企画展が開催された。会場には書・画・硯・茶碗・兜などの定信遺愛品が展示された。定信の嫡子定永が移封された地、三重県桑名市でも同じような企画展が催されたと聞いている。

私は定信の生誕記念をとくに意識することはなかったが、地元の民友新聞社は特集を組んだ。私は「松平定信公伝」として執筆するにあたり、定信の業績が膨大なため当初から不安がつきまとった。

平成二〇年四月二日、定信公伝の第一回を書き、以後毎週水曜日連載で一年間続けた。年末年始を除き、合計四七回であった。私は一五、六回目を書き終えたとき、一年間で完結できないと気づいた。結局、民反新聞には、本書の第六章まで載せ、以後、津山洋学資料館の研究誌『一滴』や福島大学論集に次のような論文を発表した。

一、蘭書『ニューウェ・アトラス』をめぐる松平定信と周辺の絵師や蘭学者たち
一、松平定信と蘭学
一、松平定信と文事（一）と（二）
一、松平定信と谷文晁

これらの論文を再度まとめ直し、新聞連載の定信公伝に続けて完成させたのが、本書である。新聞の記述では、古文書の長い引用文や細かな註は、読者にとって読みづらいため極力省くこととした。それでもかなりの引用文が必要となり、そのような場合、引用文の前後に括弧をつけ参考文献を記した。しかし短かな引用文や語句は、括弧つきの註を入れると、註の方が長くなってしまい、これまた読みづらくなるため省略した。御容赦願いたい。なお、本文の図版は、本文内容の補助資料である。より鮮明なカラー図版を鑑賞したい場合は、画集やカタログをお薦めしたい。本書図8から図12までの写真は、中央公論社の『石山寺縁起絵巻』、『平治物語絵詞』（日本絵巻大成）、『春日権現験記絵』（続日本絵巻大成）から複写させていただいた。

松平定信の生涯にとって、新たな視点を加えつつ、一応重要項をとりあげて論述したつもりである。不十分な点は多々あるかもしれないが、本書が定信の研究調査に役立てば嬉しいかぎりである。

最後に本書を出版するにあたり、ゆまに書房編集部に本書全般にわたり大変お世話になった。この場をかりて謝意を表したい。

著者紹介

磯崎康彦（いそざき・やすひこ）

1941年神奈川県生まれ。美術史。東京芸術大学大学院修了。オランダ政府給費生としてアムステルダム自由大学留学、ハイデルベルク大学客員教授、ベルリン大学客員研究員、福島大学教授を経て、同大学名誉教授。博士（美術・東京芸術大学）。著書に『江戸時代の蘭画と蘭書―近世日蘭比較美術史―』（ゆまに書房、2004年～2005年）など。

ゆまに学芸選書
ULULA
1

松平定信《まつだいらさだのぶ》の生涯《しょうがい》と芸術《げいじゅつ》

2010年10月22日　第1版第1刷発行

[著者]　磯崎康彦

[発行者]　荒井秀夫

[発行所]　株式会社ゆまに書房

〒101-0047　東京都千代田区内神田2-7-6

tel. 03-5296-0491 / fax. 03-5296-0493

http://www.yumani.co.jp

[印刷・製本]　新灯印刷株式会社

[組版]　有限会社ぷりんてぃあ第二

　ISBN978-4-8433-3468-3 C1023